Moulay El Mehdi Falloul

Economia digital e das telecomunicações

Moulay El Mehdi Falloul

Economia digital e das telecomunicações

ScienciaScripts

Cover image: www.ingimage.com

This book is a translation from the original published under ISBN 978-3-659-83486-8.

Publisher:
Sciencia Scripts
is a trademark of
Dodo Books Indian Ocean Ltd. and OmniScriptum S.R.L publishing group

120 High Road, East Finchley, London, N2 9ED, United Kingdom
Str. Armeneasca 28/1, office 1, Chisinau MD-2012, Republic of Moldova, Europe
Printed at: see last page
ISBN: 978-620-8-21362-6

Introdução

A justaposição das palavras economia e facto digital remete para uma "economia dos números". Esta visão matemática, mais restritiva do que a expressão "economia computacional", parece dar prioridade aos números em detrimento de outros tipos de informação.

A expressão "economia digital" é frequentemente reduzida ao comércio eletrónico e ignora outras componentes, como os serviços, as infra-estruturas e a tecnologia subjacente. Mais especificamente, o termo deveria referir-se a telecomunicações, meios audiovisuais, software, redes informáticas, serviços informáticos, serviços e conteúdos em linha. De acordo com a GfK, o mercado digital inclui serviços de tecnologias da informação (computadores, telefones, leitores, GPS...) e serviços de comunicação (redes sociais, vendas em linha...) e ascenderia a 681 mil milhões de euros em 2009.

O termo "digital" abrange as tecnologias da informação e da comunicação, bem como todas as tecnologias utilizadas no tratamento e na transmissão de informações, como as telecomunicações, a Internet e as tecnologias da informação.

O sector digital é a área de atividade económica baseada nas tecnologias da informação e da comunicação e na produção e venda de produtos e serviços digitais.

A economia digital, no sentido científico do termo, é o estudo dos bens incorpóreos que, por definição, são bens não concorrentes com um **custo marginal zero**. Esta definição conduz a novas relações, a novos modelos de troca/partilha que só são possíveis através da Internet e a um novo conceito de propriedade privada. Trata-se de um subsector completo da economia, que não deve ser confundido com o *sector digital*, que faz parte da economia tradicional, nem com a *digitalização da economia*, que afecta inevitavelmente todos os bens e serviços tangíveis. Como estes bens imateriais são criações do espírito de carácter artístico ou intelectual, a economia digital traz consigo novos modelos e oportunidades para a economia do conhecimento e a economia cultural.

Para estabelecer fronteiras e facilitar a aprendizagem, dividi este livro em três capítulos: o primeiro capítulo intitula-se Desenvolvimento tecnológico e Internet, o segundo capítulo intitula-se Prática de preços de acesso nas telecomunicações e o terceiro capítulo intitula-se Economia do cabo e do satélite em França.

Capítulo 1 O desenvolvimento tecnológico e a Internet

1. O desenvolvimento da Internet

A Web é hoje um universo crescente de sítios Web e aplicações Web interligados, repletos de vídeos, fotografias e conteúdos interactivos. O que o utilizador comum não vê é a interação de tecnologias e navegadores Web que torna tudo isto possível.

Ao longo do tempo, as tecnologias Web evoluíram para permitir aos programadores Web criar novas gerações de experiências Web úteis e envolventes. A Web atual é o resultado dos esforços contínuos de uma comunidade Web aberta para ajudar a definir estas tecnologias Web, como HTML5, CSS3 e WebGL, e garantir que são suportadas por todos os navegadores Web.

As faixas de cores nesta visualização representam a interação entre as tecnologias Web e os navegadores, dando vida às muitas aplicações Web poderosas que utilizamos todos os dias.

2. Desenvolvimento das alternativas mais importantes às redes telefónicas convencionais

2.1. Tecnologias de rede emergentes

O livro "Emerging Network Technologies", de Dale Hatfield, Bridger M. Mitchell e Padmanabhan Srinagesh, descreve as condições fundamentais da oferta no sector das telecomunicações, tal como este está atualmente a evoluir. Ao mesmo tempo, mostra como estas condições fundamentais são moldadas e são elas próprias moldadas pela estrutura, comportamento e política do sector. Os autores tomam a rede telefónica comutada tradicional como ponto de partida para mostrar como as novas tecnologias afectarão a comunicação de mensagens.

Após uma descrição pormenorizada das caraterísticas das redes tradicionais de voz, dados e televisão por cabo, os autores abordam a arquitetura da rede telefónica pública comutada (PSTN) e as suas limitações para responder à evolução das exigências que lhe são colocadas pelos meios de comunicação alternativos e pelas novas tecnologias. Em contrapartida, a arquitetura e a abordagem institucional da Internet levaram ao aparecimento de uma visão de uma rede em evolução que transporta todas as aplicações, sejam elas de voz, dados, imagens, vídeo ou multimédia. Surgiram pressões semelhantes na televisão por cabo, nas redes comerciais sem fios e nas redes de satélite, com

respostas correspondentes. Por último, os autores abordam os efeitos das externalidades positivas e negativas das mensagens, que ganharam importância face às novas tecnologias de mensagens. A rede telefónica pública convencional é ideal para o tráfego de voz. Baseia-se na comutação de circuitos e na multiplexagem por divisão do tempo para evitar a latência do tráfego. Em contrapartida, o tráfego de dados baseia-se na comutação de pacotes e na multiplexagem estatística, o que implica a utilização partilhada das capacidades de transmissão. Uma rede de dados pode, por conseguinte, tratar o tráfego intermitente de dados e não apresenta erros, mas existe uma certa latência. Uma vez que a rede telefónica pública comutada tradicional não consegue tratar bem o tráfego de dados e multimédia, não pode tirar partido das economias de escala e de gama que resultam da combinação destes tipos de tráfego.

Na RTPC convencional, a largura de banda só está disponível em incrementos fixos. A capacidade atribuída não é capaz de fazer face ao tráfego intermitente. São incorridos custos elevados para estabelecer a ligação. A rede de acesso é em grande parte analógica e é suscetível de falhas num único ponto. As novas tecnologias e uma maior necessidade de fiabilidade da rede sugerem, por conseguinte, alterações à arquitetura da RTCP. Os novos desenvolvimentos, mas já estabelecidos, na arquitetura tradicional da rede fixa incluem a SONET/SDH, a sinalização entre escritórios e as funções de rede inteligente (IN). A rede de sinalização SS7 é *comutada por pacotes*. A lógica de serviço adicional e as bases de dados associadas ligadas aos comutadores de pacotes de sinalização formam a IN. Isto significa que a inteligência está contida na rede, enquanto os dispositivos dos utilizadores estão mudos. A rede de acesso digital de serviços integrados (RDIS) não vingou nos EUA, mas está atualmente difundida na Europa. A difusão mundial da linha de assinante digital (DSL) suporta duas redes paralelas e bastante diferentes que têm em comum as linhas de acesso.

Ao contrário da rede telefónica pública, a Internet utiliza routers com funções silenciosas. A inteligência está nas extremidades e nos dispositivos finais. Ao contrário das redes de dados convencionais, a Internet não é responsável pela correção de erros. Em vez disso, a correção de erros é efectuada pelos anfitriões. A voz sobre protocolo Internet (VoIP) tem uma necessidade de capacidade potencialmente elevada. Também neste caso, a inteligência reside nos dispositivos finais. Os autores partem do princípio de que as companhias telefónicas tradicionais desaparecerão quando a arquitetura da Internet assumir o controlo.

As tendências na RTCP tradicional estão a ser moldadas pelos avanços na televisão por cabo e nas redes sem fios, mas estas influências são recíprocas, pelo que as novas redes de televisão por cabo (triple play) estão a tornar-se mais semelhantes à nova RTCP e as redes móveis estão também a evoluir para uma estrutura semelhante. A maior semelhança das estruturas de rede e, por conseguinte, das capacidades das redes na prestação de serviços, bem como a sua existência paralela, aumentarão a pressão concorrencial entre as redes.

diferentes tipos de empresas, ainda que a concorrência dentro dos tipos de redes fixas seja limitada por quase monopólios nas redes de acesso, enquanto as redes sem fios suportam um acesso oligopolístico. Os autores prevêem um aumento da concorrência a "nível grossista" entre as componentes de rede de todas as redes. Na nossa opinião, a intensidade dessa concorrência aumenta com o nível de actores na hierarquia da rede. A concorrência a nível grossista é fortemente influenciada pela política de desagregação. A concorrência intermodal é limitada por caraterísticas diferenciadas da procura e da oferta que podem ser mantidas durante um determinado período de tempo. As caraterísticas relevantes da procura incluem a qualidade da comunicação vocal, a fiabilidade do serviço e a entrega rápida e *sem erros* das mensagens.

Os factores de diferenciação mais importantes do lado da procura são a velocidade, a qualidade da voz e a mobilidade e, do lado da oferta, os custos relativos de acesso e de utilização (Vogelsang, 2003). Por exemplo, as redes sem fios têm baixos custos de acesso e elevados custos de utilização, combinados com baixa velocidade e qualidade de voz e elevada mobilidade. Em contrapartida, as redes fixas têm custos de acesso elevados e de utilização baixos, que combinam com um elevado débito e qualidade de voz e com a ausência de mobilidade. A combinação destes factores confere às redes fixas um nicho limitado para os clientes com elevada procura, fora das suas necessidades de mobilidade, mas deixa-as fora do mercado dos serviços vocais de baixa procura, enquanto as redes sem fios dominarão os mercados vocais de baixa procura e concorrerão com as redes fixas no que se refere aos serviços vocais e de dados *não móveis de baixo débito*. As redes sem fios manterão o seu nicho para os serviços móveis.

Ao contrário das externalidades de rede puras, os efeitos externos positivos das mensagens estão a tornar-se menos importantes devido à redução dos preços das chamadas e à transição para tarifas fixas, bem como à mudança para formas de comunicação com apenas um assinante ( ), como a navegação na Internet, a transferência de ficheiros, etc. Ao mesmo tempo, os efeitos externos negativos decorrem de mensagens não desejadas. Ao mesmo tempo, os efeitos externos negativos decorrem das mensagens não desejadas.

As chamadas e as mensagens aumentam devido ao baixo custo do envio de mensagens múltiplas a muitos destinatários. Os autores demonstram, através de um modelo formal, que as tarifas de chamada *óptimas para o bem-estar social* devem exceder ligeiramente os custos marginais.

2.2. Efeitos de bandwagon .

A importância dos efeitos de rede nas redes de telecomunicações tem sido apreciada há décadas, mas o reconhecimento do papel que tais considerações ou outras semelhantes desempenham na cadeia de valor muito mais vasta e longa da indústria da informação e das comunicações é mais recente. Alguns autores sublinham que os proprietários de leitores de CD, de televisores digitais e de PC beneficiam destes últimos tanto como os utilizadores da Internet - de qualquer modo, quanto maior for a difusão da propriedade ou da utilização de "hardware", mais "software" estará disponível.

Os efeitos de arrastamento afectam a curva da procura e fazem-na subir num determinado intervalo, reflectindo o facto de a disponibilidade marginal dos consumidores para pagar aumentar à medida que são vendidas mais unidades e que os efeitos de arrastamento entram em ação. Se for atingida uma massa crítica de consumidores, que depende da dimensão do respetivo grupo de interesses, as vendas aumentarão.

Este facto tem fortes implicações para os incentivos aos preços e para a fixação de preços óptimos, que o autor explica utilizando o exemplo do sector telefónico. Embora os efeitos externos das chamadas possam ser internalizados (por exemplo, através de uma inversão de papéis entre o autor da chamada e a parte chamada), o mesmo não se aplica às assinaturas, o que cria uma base possível para a concessão de subsídios para atrair novos clientes para a rede, o que, por sua vez, beneficia os actuais assinantes.

O desenvolvimento de preços telefónicos óptimos exige a estimativa destes efeitos externos e também da complexa relação de procura entre assinaturas e chamadas.

Jeffrey Rohlfs relaciona estas considerações com a evolução histórica dos preços dos serviços telefónicos nos Estados Unidos e salienta a ineficácia (mas também a popularidade) das tarifas básicas baixas e dos serviços locais não medidos. Salienta igualmente que as externalidades associadas às chamadas para os fornecedores de serviços Internet (ISP), ao contrário das chamadas vocais, não podem ser facilmente internalizadas, o que defende a sua oferta a um preço inferior ao custo.

2.3. Concorrência entre plataformas no sector das telecomunicações

Jeffrey Church e Neil Gandal, "Platform Competition in Telecommunications", dividem as redes em redes diretas, que ligam inputs complementares, como o equipamento de origem e de destino de uma chamada telefónica, e redes indirectas, em que os efeitos para

os consumidores são conseguidos através da oferta de produtos complementares, como o software disponível para PCs1. Estas redes dão origem a externalidades que afectam tanto os benefícios para o consumidor como o processo concorrencial e (potencialmente) conduzem a problemas de coordenação, guerras de normas, equilíbrios de ponta e *bloqueio* dos consumidores.
As estratégias empresariais em concursos de normalização que envolvem a fixação de preços, o marketing e a criação de normas abertas foram objeto de uma análise aprofundada. Relativamente à sua eficiência, foram encontrados muitos resultados em certos casos - os autores afirmam que "existe uma tendência na literatura teórica para que o equilíbrio seja caracterizado por uma normalização insuficiente ou por demasiada diversidade" (ênfase no original).
Uma segunda área diz respeito às batalhas em matéria de compatibilidade. Uma empresa que possua uma plataforma dominante pode aumentar o seu poder de mercado negando a compatibilidade com os dispositivos dos concorrentes - quer diretamente (por exemplo, recusando-se a ligar os dispositivos de um concorrente à sua rede física), quer exercendo direitos de propriedade intelectual. A manipulação das interfaces tornou-se uma questão importante tanto nas comunicações como nos sistemas informáticos e atraiu a atenção das entidades reguladoras e das autoridades antitrust - ver os casos Microsoft nos EUA e na Europa. A utilização bem sucedida de armas de compatibilidade pode ajudar uma empresa a alargar a sua posição dominante de uma geração de tecnologia para a seguinte. Por exemplo, garantir que o software superior de um concorrente não é compatível com a base de hardware instalada ajudará a garantir que o domínio do hardware se mantém na geração seguinte, impedindo os concorrentes de penetrarem em qualquer um dos sectores.
O processo de definição de normas tem sido objeto de grande atenção, tanto a nível teórico como empírico. As normas cooperativas surgem quando nenhuma empresa obtém lucros mais elevados recusando-se a participar no processo conjunto. Por conseguinte, a cooperação é favorecida em situações em que uma norma comum promove a aceitação por parte dos consumidores e em que nenhuma empresa conquistou uma posição dominante no mercado relevante.
propriedade intelectual. As tecnologias para redes locais e de área alargada sem fios, tais como *Wi-Fi* e *Wi-Max*.
Pelo menos na Europa, as comunicações móveis foram sujeitas a uma normalização estatal com a adoção de uma norma GSM harmonizada para a tecnologia de rádio de segunda geração pela União Europeia. Na América do Norte, por outro lado, os operadores eram livres de escolher a sua própria tecnologia. Este é um caso interessante de estudo dos custos e benefícios das abordagens alternativas, mesmo que a questão ainda não tenha sido resolvida.
Entre os exemplos de concorrência de plataformas que os autores analisam está a concorrência entre a televisão por satélite e a televisão por cabo nos EUA. Neste caso, a distribuição por satélite procurou estabelecer-se num mercado dominado pelo cabo e foi apoiada por várias intervenções legislativas e regulamentares destinadas a evitar que a nova plataforma fosse impedida de aceder aos programas.

2.4. Banda larga

A banda larga é o domínio em que as três plataformas DSL, baseadas nas redes de telecomunicações existentes, cabo e comunicações sem fios, concorrem entre si num mercado em que
Os governos atribuem a maior importância à expansão das ligações de banda larga, uma

vez que muitos deles consideram que esta é a chave para o crescimento da economia baseada no conhecimento.
Robert Crandall, "Broadband Communications", cita estas e outras redes mais avançadas caracterizadas por diferentes velocidades (a montante e a jusante) e áreas de aplicação, apontando as diferenças entre a DSL sobre cobre e os cabos híbridos de fibra-coaxial em que se baseia o cabo.
Uma análise de junho de 2003 das experiências nacionais em matéria de penetração da banda larga na zona da OCDE revelou que a Coreia é um país que se encontra no topo, com os Estados Unidos e o Japão no topo do segundo quartil. A presença de uma rede de cabo é responsável por uma percentagem elevada, mas normalmente decrescente, de assinantes na maioria dos países que se encontram no topo da penetração, o que realça os benefícios da concorrência entre plataformas.
Robert Crandall descreve o quadro jurídico para o desenvolvimento da banda larga nos Estados Unidos e na União Europeia. Cita estudos de Hausman e outros que defendem que os requisitos regulamentares que obrigam as empresas telefónicas estabelecidas a separar os elementos da rede são inadequados porque as empresas estabelecidas não têm poder de mercado. Essas exigências tiveram o efeito de travar o investimento das empresas de telecomunicações que, de outro modo, teriam posto em risco a posição mais forte das empresas de cabo no mercado da banda larga. Ao mesmo tempo, Hazlett sugere que as próprias empresas de cabo limitaram a capacidade que fornecem para a banda larga devido à ameaça de regulamentação. No entanto, a Federal Communications Commission (FCC) está a tentar restringir, se não mesmo impedir, o acesso obrigatório dos concorrentes às futuras instalações dos operadores históricos.
Na Europa, registaram-se alguns progressos na regulamentação da oferta, pelas empresas de telecomunicações dominantes, de um serviço conhecido como acesso grossista em banda larga ou "fluxo contínuo de dados", que inclui o acesso ao transporte através de linhas de cobre, multiplexers de acesso à linha de assinante digital (DSLAM) e backhaul, por exemplo, através de uma rede ATM. A fixação dos preços deste serviço tem-se revelado problemática, nomeadamente porque os custos são incertos. Por esta razão, vários reguladores europeus têm preferido uma abordagem conhecida como "retail minus", em que os preços são fixados com base no preço de retalho do fornecedor de acesso para um serviço de banda larga menos os seus custos de fornecimento desses serviços, que o próprio sector do acesso fornece, em conformidade com a regra da fixação eficiente dos preços das componentes (ECPR). No mesmo documento, o ERG considerou uma abordagem à regulamentação da banda larga em que os concorrentes são gradualmente incentivados
replicar o equipamento dos operadores históricos, desde o backhaul e os DSLAM até à replicação da própria linha de assinante.
A expansão da banda larga está também a suscitar preocupações sobre a "fratura digital" e debates sobre o alargamento das obrigações de serviço universal à banda larga.
Dado que a penetração dos agregados familiares nos países mais avançados da OCDE é da ordem dos 10 a 25 por cento e que o acesso à banda larga está a aumentar à medida que cada vez mais centrais podem oferecer linhas de assinante digitais assimétricas (ADSL), os governos e as entidades reguladoras estão atualmente relutantes em fornecer acesso subsidiado a todos.
A atual atenção dada ao desenvolvimento da concorrência na banda larga é generalizada e compreensível. Os fornecedores de banda larga competitivos baseados nas tecnologias de cabo ou DSL têm potencial para quebrar o domínio dos operadores históricos de linhas

fixas através das novas tecnologias vocais. Poderão também constituir uma base para uma maior concorrência na *implantação* de ligações de fibra ótica, por vezes designadas por banda larga da próxima geração.
medida que a penetração da banda larga se acelera, o êxito ou o fracasso das tentativas de promover a concorrência tornar-se-á mais evidente.
No entanto, é demasiado real o perigo de o número e a intensidade dos debates regulamentares nas economias mais antigas das telecomunicações, como os Estados Unidos e a Europa, conduzirem ao seu desaparecimento, enquanto as economias mais recentes, como a China, a Índia, o Japão e a Coreia do Sul, contornam os regimes regulamentares considerados irrelevantes e impulsionam ativamente a penetração da banda larga, de modo a que o maior número de pessoas no mundo acabe por ter uma ligação à Internet.

2.5. Televisão por cabo

Thomas Hazlett inicia as suas reflexões sobre a televisão por cabo com a previsão de Negroponte de que, apesar de termos nascido num mundo em que fazemos chamadas telefónicas e vemos televisão através do cabo, esta situação irá inverter-se em breve. Embora a utilização do cabo para a transmissão de programas de televisão se tenha tornado o modo de transmissão predominante nos países da América do Norte e em partes da Europa com elevado grau de conetividade, o mesmo acontece nos EUA.
A televisão por satélite é uma plataforma concorrente e estão a ser desenvolvidas noutros locais novas tecnologias de transmissão digital terrestre de maior capacidade.
Depois de, inicialmente, a FCC ter restringido o crescimento da televisão por cabo a favor da radiodifusão tradicional - como o fez em 1966, limitando o papel da televisão por cabo a complementar, e não a substituir, os serviços de radiodifusão - o cabo foi objeto de desregulamentação a partir de 1976. Inicialmente, a FCC abandonou as suas regras
Os tribunais anularam então a regulamentação relativa aos canais de filmes de grande audiência. Em 1984, o Congresso aprovou o Cable Communications Act, que proibia simultaneamente a fixação de tarifas pelas autoridades locais e restringia a concorrência com as companhias telefónicas no sector do vídeo. Este facto conduziu a um aumento dos preços, da qualidade do serviço e do número de assinantes.
O próprio aumento de preços contribuiu para uma nova regulamentação através da Lei do Cabo de 1992, que levou à regulamentação das tarifas quando se tornou evidente que não existia uma concorrência efectiva.
O autor relata uma série de respostas complexas por parte das empresas de cabo, as mais importantes das quais foram a redução do investimento, os esforços para transferir os assinantes para níveis de serviço mais elevados e menos regulamentados e a sobrecarga das entidades reguladoras com pedidos de aumento das taxas. Na sequência da aprovação da Lei das Telecomunicações de 1996, os controlos das tarifas do cabo foram abolidos a partir de 1999.
A rápida mudança de política no domínio da regulamentação das tarifas foi acompanhada de um amplo debate sobre a medida em que os operadores de cabo, em especial os operadores de sistemas múltiplos (MSO), podem exercer poder de mercado de outras formas, nomeadamente como monopsonistas face aos fornecedores de programas, através da integração vertical com estes últimos e através da exploração de operadores concorrentes ou "overbuilders". Thomas Hazlett observa que é difícil determinar se um grande comprador está a pagar menos pela programação num mercado de produtos heterogéneo, caracterizado por uma negociação feroz, e que não parece existir qualquer regra segundo a qual a propriedade entre os produtores de programas e os operadores de

cabo seja essencial para o êxito de qualquer um deles.
Como salienta Robert Crandall, Broadband Communications, os operadores de cabo dispõem atualmente de uma importante fonte alternativa de receitas através do fornecimento de serviços de banda larga e, em alguns países, de telefonia por cabo. Simultaneamente, a DSL e o satélite oferecem uma concorrência crescente no fornecimento dos serviços de entretenimento tradicionais do cabo.
A expansão do mercado através da convergência irá pôr em causa o poder de mercado dos serviços anteriormente separados e é provável que aumente a pressão sobre os operadores de cabo em todo o mundo.

2.6. Comunicação sem fios

Alguns investigadores observam que o número de telemóveis utilizados para comunicações de voz aumentou espetacularmente na última década, atingindo mais de 80% da população em muitos países da Europa e noutros locais em 2004, embora menos na América do Norte. Mas as tecnologias sem fios estão atualmente
A tecnologia 3G, disponível num número crescente de países, oferece serviços móveis de elevada largura de banda.
Os serviços nómadas de curto alcance, conhecidos como *Wi-Fi*, fornecem acesso em banda larga em dezenas de milhares de salas de espera de aeroportos, cafés e outros locais em todo o mundo; e as novas tecnologias de banda larga fixa fornecem serviços de elevado débito a distâncias mais longas e parecem oferecer boas perspectivas de fornecimento de banda larga em zonas menos densamente povoadas, bem como serviços competitivos noutros locais.
Os serviços de comunicações sem fios para residências e empresas dependem, por definição, do espetro, pelo qual competem não só com os serviços de radiodifusão, mas também com toda uma série de actividades que *utilizam* o espetro, como as comunicações móveis privadas em grupos *fechados*, o radar e as comunicações na aviação, a defesa, a ciência, por exemplo a astronomia, e outras.
Existem três métodos para equilibrar estas necessidades: a abordagem tradicional de "comando e controlo", em que as bandas de espetro são atribuídas a utilizações específicas através de acordos internacionais e depois atribuídas a empresas ou organizações individuais através de um processo administrativo; a utilização de instrumentos de mercado, como os leilões e o comércio secundário; e a criação de espetro isento de licenças, ao qual podem ter acesso os utilizadores que satisfaçam determinadas condições ou o desempenho dos seus dispositivos.
Os governos e as entidades reguladoras estão a afastar-se gradualmente do primeiro método em favor dos mercados e - em certa medida - do espetro sem licenças. Os leilões de espetro ou de licenças acima descritos são um passo nesta direção, mas, por si só, pouco contribuem para resolver os desequilíbrios na atribuição de espetro, dado que o espetro leiloado está ligado a utilizações específicas. A eliminação desses desequilíbrios exige a liberalização da utilização, o que, por sua vez, exige uma *redefinição* das condições das licenças no sentido de restrições à capacidade de um licenciado aceder ao espetro utilizado por um licenciado numa frequência vizinha ou numa região vizinha. Esta liberalização foi efectuada em vários países.
As frequências não licenciadas tornaram-se bem conhecidas devido à utilização generalizada do *Wi-Fi*. Devido ao curto alcance e à baixa potência, os utilizadores de locais vizinhos não têm de interferir uns com os outros, o que significa que os custos de oportunidade do espetro utilizado são nulos.
De facto, cerca de 9% do espetro principal no Reino Unido está reservado para aplicações

isentas de licença. Há uma série de novas tecnologias que permitem a oferta de mais serviços no espetro isento de licenças, e vários defensores do espetro universal isento de licenças esperam que o espetro se torne um recurso abundante e gratuito.

As autoridades reguladoras devem agora abordar a questão do equilíbrio entre as frequências licenciadas e cada vez mais comercializáveis e as frequências não licenciadas. No entanto, é difícil ver como as tecnologias que utilizam *esta última* podem competir, por exemplo, nas comunicações ponto-multiponto de longo alcance, como a radiodifusão por satélite ou terrestre, que exigem um canal livre de interferências para beneficiar do método de distribuição de baixo custo.

Um segundo ponto importante discutido pelos autores é a possibilidade de concorrência entre redes fixas e móveis no sector da voz. Em alguns países *de baixo* e *médio rendimento*, onde não existem redes fixas, a telefonia móvel preencheu temporariamente ou durante muito tempo essa lacuna. Para os operadores fixos e móveis de outros países, a questão é saber se a telefonia móvel irá atrair cada vez mais assinaturas e chamadas das redes fixas.

Os autores citam sobretudo estudos europeus. O mercado norte-americano da telefonia móvel, onde os operadores de telefonia móvel oferecem centros de recolha de chamadas de grande dimensão e a baixo custo, pode estar mais avançado.

A mudança tecnológica que se avizinha terá um impacto em ambos. As redes móveis 3G são capazes de transmitir chamadas numa base *de comutação de pacotes* em vez do método tradicional *de comutação de circuitos*. Do mesmo modo, as redes fixas estão a evoluir cada vez mais para as tecnologias VoIP ou Voz sobre DSL (VoDSL) - esta última utilizando ligações de banda larga.

A velocidade de adoção destas novas tecnologias, que, por sua vez, será determinada pela concorrência entre operadores fixos e móveis e dentro de cada grupo, determinará as tendências futuras. Em muitos países, como o Reino Unido, as receitas das comunicações móveis já ultrapassaram as receitas das comunicações fixas, embora o volume de chamadas fixas seja muito superior ao das chamadas móveis.

Afirma-se por vezes que as comunicações sem fios são uma zona *livre de regulamentação*. No entanto, apesar da ausência de regulamentação dos preços de retalho, tal não é o caso, como demonstram os autores. Em primeiro lugar, a regulamentação através de licenças determina a estrutura do sector de uma forma que não se verifica nas redes fixas. Em segundo lugar, as entidades reguladoras determinam frequentemente a escolha da tecnologia, quer direta quer indiretamente, impondo condições que só uma norma pode satisfazer. Em terceiro lugar, as autoridades reguladoras exigem frequentemente a portabilidade dos números, o desbloqueamento e a portabilidade dos cartões SIM e o roaming nacional, sendo que este último exige o fornecimento de acesso, normalmente temporário, por um novo operador a uma rede existente. Por último, as autoridades reguladoras estão a examinar cada vez mais dois serviços grossistas oferecidos pelos operadores móveis - a entrega de chamadas na rede e a oferta de roaming internacional, que permite a um cliente de uma rede de um país chamadas noutro país, em que o operador do assinante compensa o operador do país visitado pelos serviços prestados e recupera os custos como encargos retalhistas do seu próprio cliente. As tarifas grossistas do roaming na Europa são analisadas tanto pelo *Grupo* de Reguladores Europeus como, no caso de dois operadores britânicos, pela Direção da Concorrência da União Europeia. A análise do mercado é complicada tanto pelas mudanças tecnológicas, que permitem agora aos operadores programar os cartões SIM dos seus clientes para procurarem uma rede específica quando o cliente procura

acesso num país, como pela proliferação de operadores que operam em muitos países ou que formam alianças *transnacionais*.
As intervenções nas tarifas da terminação móvel são mais generalizadas e têm um historial mais longo. Na União Europeia, onde se aplica o princípio CPP, em que os autores das chamadas pagam pela terminação, todas as autoridades reguladoras nacionais examinam a terminação e são obrigadas a impor medidas corretivas se detectarem uma posição dominante - um resultado provável se declararem que a terminação móvel de cada operador é um mercado separado. No entanto, os autores salientam que a estrutura das tarifas da terminação e dos preços das chamadas efectuadas, e não o nível dos lucros, será afetada se todos os lucros excedentários da terminação forem canalizados para atrair os clientes a comprarem assinaturas e a efectuarem chamadas. No entanto, isto exige um nível muito elevado de concorrência entre os operadores móveis, que pode não existir dado o pequeno número de empresas envolvidas. Mesmo que seja esse o caso, será ineficaz.
A ligação de Gans, King e Wright a Thomas Hazlett convence-nos de que o "interrutor Negroponte", no qual o público consumiria programas de televisão através de ligações terrestres e ligações telefónicas através do espaço, provavelmente já se realizou.

3. A Internet

Juntamente com a telefonia móvel, a Internet provou ser a única influência simultaneamente criativa e disruptiva na última década que desencadeou a criação de novas infra-estruturas, empresas, modelos de negócio e conceitos económicos.
Nos dez anos que decorreram desde a abertura dos portais e das portas electrónicas a todo o mundo, não só uma vaga de destruição criativa, na aceção de Schumpeter, mudou as empresas, mas também a sociologia do consumo de serviços de comunicação. Enquanto a proporção de pessoas que utilizam a Internet está a aumentar, a proporção de pessoas que vêem televisão está a diminuir, como mostra um estudo recente do Centro para o Futuro Digital. O que antes era uma televisão passiva
A televisão está agora a tornar-se interactiva, através da Internet, e a provocar uma mudança não só económica mas também social.
Em 1994, cerca de dois milhões de computadores estavam ligados à Internet, que, nessa altura, era utilizada principalmente por académicos, cientistas e investigadores de empresas. Em 2000, cerca de 70 milhões de computadores estavam ligados à Internet. A Internet está omnipresente na vida de mais de *três quartos* da população dos Estados Unidos. Em 2004, mais de 200 milhões de computadores estavam ligados à Internet. Um aspeto da escrita sobre a Internet para um manual que tem um carácter essencialmente global e para um fenómeno que permite a conetividade global a uma escala sem precedentes. A história do desenvolvimento da Internet teve certamente um impacto na sua geografia. A experiência americana pode, portanto, ser aplicada a outras infra-estruturas de comunicação que estão a ser construídas em todo o mundo.

3.1. A geografia económica da infraestrutura da Internet

O surgimento da Internet é abordado em várias outras histórias exaustivas, que também fornecem uma grande quantidade de pormenores sobre as pessoas que desempenharam um papel fundamental, mas a questão da distribuição quase não mereceu atenção. O autor aborda seis grandes questões. A primeira é: porque é que a Internet se tornou quase omnipresente nos Estados Unidos após a sua comercialização?

A segunda pergunta é: Porque é que as forças de mercado alimentaram este forte crescimento? A terceira pergunta é: A Internet difundiu-se desproporcionadamente nas zonas urbanas? Em quarto lugar, será a Internet um substituto ou um complemento da aglomeração urbana e uma influência nas decisões de localização das empresas? A quinta pergunta é: que políticas desempenharam um papel e os efeitos foram intencionais ou não intencionais? E, finalmente, existem lições para outros países?

Relativamente à primeira pergunta: no início dos anos 90, como as tecnologias da Internet já estavam disponíveis há cerca de 20 anos, a normalização desempenhou um papel decisivo. No início dos anos 90, já existiam componentes de infra-estruturas, como hubs e routers, placas Ethernet e linhas T1, que estavam ligados entre si, mas foi apenas a aceitação voluntária do protocolo TCP/IP pelos vários intervenientes que tornou possível uma interconexão abrangente. Um dos aspectos da Internet é a sua estrutura de sobreposição, em que muitos componentes são adaptados à rede existente. A indústria de equipamento informático, de telecomunicações e de redes estava madura e já existia há algum tempo. Como esse equipamento já existia, a normalização dos componentes em todo o sistema levou rapidamente à realização de economias de escala. O sítio Web

As caraterísticas mais importantes dos elementos físicos de base da Internet eram a capacidade de moldagem, de implantação e de atualização. Isto levou à criação de uma infraestrutura de alta velocidade.

O segundo tema é o papel das forças de mercado e das organizações empresariais.

A Internet deu origem a centenas de fornecedores de serviços Internet que rapidamente forneceram acesso barato a milhões de lares nos EUA. O crescimento destas organizações e a densidade de fornecedores concorrentes é, de facto, enorme. O sector dos FSI apresenta os padrões clássicos que podem ser observados no desenvolvimento de qualquer indústria. Nas fases iniciais, há um pequeno número de empresas que assumem uma posição muito forte, muitas vezes seguidas por milhares de novos operadores, e depois há um abanão à medida que o sector amadurece e o campo é deixado a um grupo mais pequeno de operadores competentes.

O autor discute a demografia dos ISP e a estratégia das empresas de ISP. Esta dinâmica demográfica tem implicações importantes para outros países. No entanto, uma questão fundamental é saber porque é que a dinâmica se desenvolveu desta forma. Na nossa opinião, uma das razões pelas quais estas empresas conseguiram entrar rapidamente no mercado deve-se ao modelo de preços que puderam adotar. Com base no relatório Computer Inquiry 2 (CI2) de 1980, os serviços Internet foram classificados como um serviço melhorado para o qual não eram cobradas taxas pela linha telefónica, apesar de os autores do relatório CI2 não terem previsto o aparecimento da Internet tal como a conhecemos hoje e de não ser seu objetivo promover o crescimento da Internet.

Os ISP podiam oferecer serviços de Internet aos seus assinantes pelo preço de uma chamada local, que era essencialmente gratuita, uma vez que os clientes podiam efetuar chamadas locais ilimitadas por um montante fixo por mês. Assim, um modelo de fixação de preços que permitia a prestação de serviços a baixo custo levou à criação de numerosas empresas de ISP, que passaram a fornecer a ligação à Internet. O facto de a Internet ter sido criada a nível das bases e não imposta de cima para baixo teve um impacto significativo na difusão da Internet nos Estados Unidos. Teve também um impacto significativo no crescimento do espírito empresarial da Internet, que foi alimentado pela arquitetura de abertura que caracteriza o fenómeno da Internet.

Na base do consumidor, o papel dos ISP é de extrema importância. No entanto, igualmente importante é o papel da rede de base, que é a parte grossista da rede, por assim dizer, uma vez que a informação provém de uma variedade de fontes e é acedida pelo cliente final. Esta informação é agrupada nas redes de base para que possa ser trocada entre os servidores e os ISP. Um grande número de redes backbone transporta o tráfego, essencialmente

e há um intercâmbio deste tráfego. A troca de tráfego entre redes de base conduz aos mesmos problemas de interconexão que ocorrem com as redes vocais.

Inicialmente, estes eram *regulados* por acordos de cooperação entre pares *auto-regulados*, pelo que não era necessário monitorizar o tráfego de dados.

A sociologia da comunidade Internet criou um sistema que inclui como valores fundamentais a abertura, a equidade e um sector ISP competitivo. No entanto, à medida que algumas redes de backbone se tornaram maiores do que outras, surgiu a questão do poder de mercado, uma vez que as redes maiores podem discriminar as mais pequenas, o que realça a necessidade de uma eventual regulamentação da Internet. O autor conclui que as questões de interconexão não afectaram o desenvolvimento do fenómeno da Internet, como aconteceu com a telefonia vocal, e mesmo o colapso da WorldCom, uma das maiores redes backbone do mundo, com uma quota de mercado superior a 40%, não teve impacto na configuração espacial do sector.

A próxima questão importante é a conetividade de banda larga. A Internet depende em grande medida da tecnologia de banda larga. Do ponto de vista geográfico, a principal conclusão do autor é que *a ligação por linha telefónica* ainda está mais difundida do que a banda larga e que a banda larga está principalmente disponível em zonas urbanas densas. No entanto, como refere, o ambiente regulamentar está a mudar e resta saber o que acontecerá à penetração universal da banda larga nas zonas rurais e urbanas dos Estados Unidos.

As observações que fazemos em relação à política de penetração da banda larga também se aplicam ao fenómeno da Internet, uma vez que a Internet é uma infraestrutura *adicional* à rede existente. A infraestrutura básica de telefonia também é importante para a Internet. Na nossa opinião, a questão da última milha continua a ser relevante, porque existe uma clara relação simbiótica entre o desenvolvimento da Internet, tanto em termos de penetração como de qualidade, e o desenvolvimento da *rede fixa no* seu conjunto. A Internet utiliza uma infraestrutura existente e está integrada no sistema global de comunicações de um país. Os 14 S. Majumdar, I. Vogelsang e M. Cave a integração da Internet na infraestrutura nacional de comunicações é um fator crucial que os decisores políticos devem ter em conta. Uma avaliação política holística deve associar a penetração da Internet às questões fundamentais da regulamentação dos serviços telefónicos.

Uma vez que atualmente é possível trabalhar virtualmente a partir de qualquer lugar e fornecer produtos ou serviços em qualquer local, a questão de saber se a Internet substituiu ou não os centros urbanos é de grande importância. O autor aborda esta questão a seguir. Numa era de progresso

Nos centros urbanos e nas regiões do mundo onde é bom viver, a criação de empresas baseadas na utilização de infra-estruturas da Internet está a tornar-se importante. À medida que a Internet substitui a comunicação presencial, deixa de ser necessário ter escritórios no local onde se oferecem os produtos ou serviços. Por conseguinte, é necessária uma nova abordagem de toda a questão das considerações espaciais na emergência da atividade económica. Este é um domínio de investigação em aberto.

Consideramos que o âmbito da análise deve ser alargado de modo a incluir a externalização e o comércio *entre empresas* (B2B) como temas importantes do século

XXI. O crescimento do comércio entre empresas, que foi responsável pelo boom e pela subsequente falência, foi impulsionado pela presença da Internet, que proporcionou a oportunidade de conduzir o comércio de uma forma que teria aumentado a eficiência. A externalização, tal como está a evoluir, também não teria sido possível se não fosse a capacidade de utilizar as tecnologias da informação (ITES) para prestar serviços a longas distâncias, em muitos casos vários milhares de quilómetros. Tanto o B2B como as diferentes variantes do tema *alfanumérico*, tais como as actividades de governo para cidadão (G2C), resultantes do desenvolvimento da *governação eletrónica* e da externalização, são dois tópicos extremamente importantes que estão agora a ganhar importância e a merecer investigação, dado o impacto espacial da Internet.

3.2. Eficiência económica da espinha dorsal da Internet

A Internet assemelha-se a um sistema telefónico normal, em que existe um nível local de intervenientes, os fornecedores de serviços Internet (ISP), e um nível de intervenientes semelhante aos operadores de redes de longa distância, os fornecedores de estrutura central da Internet (IBP). Os IBP operam os nós de alta velocidade que permitem a transmissão de dados de servidores *distantes* para os ISP locais, que depois os transmitem aos seus clientes locais. Não é surpreendente que, em 1997, os IBP mais importantes fossem a MCI WorldCom, a GTE, a AT&T e a Sprint. Estas empresas dominavam igualmente o *sector de longa distância dos Estados Unidos* nessa altura. Tal como o resto do sector, a sorte destas empresas inverteu-se nos anos que se seguiram a 1997.

De certa forma, as questoÄ es económicas, estrateÂgicas e regulamentares que envolvem os IBP e as suas relacËoÄ es com os ISP saÄ o semelhantes aÁ s que existem entre um grossista e um retalhista ou entre um fabricante a montante que fornece unidades a uma empresa a jusante na cadeia de valor industrial. No caso da Internet, existem as complicacËoÄ es adicionais decorrentes do facto de um grande nuÂ mero de ISP estão ligados uns aos outros, pelo que a rede é muito mais rica em termos de conetividade do que uma rede telefónica normal. Esta complicacËaÄ o constitui, de facto, uma vantagem, uma vez que existem vaÂ rias formas de encaminhar o traÂ fego e a presencËa de muitos intervenientes no transporte de dados contribui para a concorreÃncia dos precËos. Esta caraterística da Internet, a capacidade de o ISP se ligar a múltiplos IBP, denominada multihoming, garante que nenhum ISP esteja vinculado a um único IBP.

No que se refere ao problema do poder de mercado que pode surgir no segmento da espinha dorsal da Internet, o autor levanta uma questão importante que surgiu em vários processos regulamentares à luz das várias fusões de telecomunicações: podem os IBP exercer poder de mercado de modo a que os ISP tenham de pagar mais pelo transporte e, em última análise, transferir esses custos para o utilizador final? A resposta é um rotundo "não" por várias razões. Em primeiro lugar, existe uma sobrecapacidade neste sector, semelhante à do segmento de longa distância, e é fácil entrar e expandir-se no mercado. Depois das majors, empresas como a Quest, a Level 3 e a Williams também conseguiram construir backbones Internet. Em segundo lugar, a Internet funciona com normas e protocolos públicos que melhoram a interoperabilidade, pelo que a eventual falta de conetividade técnica não tem grande importância. A conetividade é universal. Outro ponto é a potencial comercialização do backbone como um todo.

A segunda questão importante é saber se os IBP podem adotar um comportamento estratégico aumentando os preços, como acontece nos segmentos de mercado organizados verticalmente, ou diminuindo a qualidade. Nicholas Economides descreve algumas caraterísticas fundamentais da Internet que impedem a aplicação bem sucedida de tais

estratégias. Se o preço do trânsito, ou seja, o transporte de tráfego entre um IBP e um ISP a troco de uma contrapartida, aumentar, haverá simplesmente um desvio. Se o preço do traÃ nsito, isto eÂ, o transporte de traÂ fego entre um IBP e um ISP a *troco* de uma contrapartida, seraÂ simplesmente contornado. SeraÄ o utilizados outros IBP ou, se tal naÄ o constituir uma estrateÂgia viaÂ vel, os ISP limitar-se-aÄ o a fornecer traÃ nsito uns aos outros, quer numa base comercial mediante pagamento de uma taxa, quer atraveÂs de um acordo de troca de traÂ fego em que naÄ o eÂ cobrada qualquer taxa pela transfereÃncia de traÂ fego entre *ISP*, uma estrateÂgia semelhante a um acordo de *"knock-for-knock"* entre companhias de seguros de automóveis. Por razoÄ es semelhantes, um IBP naÄ o pode praticar discriminacËaÄ o em mateÂria de precËos. Do mesmo modo, a degradação da qualidade do serviço também não constitui uma estratégia viável para o IBP, uma vez que os seus efeitos são de grande alcance e afectam todas as partes da Internet. A capacidade eÂ agora fungível e um ISP pode facilmente alternar entre os IBP que oferecem a capacidade mais rentável para o encaminhamento de circuitos de dados.
A parte da Internet na infraestrutura global de comunicacËoÄ es nos Estados Unidos eÂ altamente concorrencial, tanto a nível dos ISP como dos IBP. Embora tenham sido manifestadas preocupações quanto ao facto de os IBP poderem exercer poder de mercado devido à sua maior dimensão e menor número, tal é improvável. Na nossa opiniaÄ o, a Internet eÂ um sector organizado horizontalmente, em contraste com o sector tradicional da RTPC, que continua a ter uma estrutura vertical. Esta caraterística da Internet faz com que seja um sector onde a concorrência pode realizar todo o seu potencial, uma vez que as possibilidades de interconexão disponíveis para os vários ISP são muito superiores às que estariam disponíveis para uma companhia telefónica local. A questão que se coloca é a de saber como é gerida a rede, que é intrinsecamente mais complexa, com tantas opções de encaminhamento disponíveis.

3.3. *Determinação dos preços dos transportes em redes interligadas: Problemas, abordagens e soluções*

A questão central aqui é a gestão operacional. Até agora, discutimos o facto de haver uma capacidade considerável na espinha dorsal da Internet. A espinha dorsal pode tornar-se um produto de base. No entanto, o crescimento do tráfego é igualmente significativo, pelo que podem ocorrer congestionamentos. Os desenvolvimentos da próxima geração da Internet, como o vídeo digital sobre IP (DVIP), conduzirão a maiores picos de tráfego, que causarão problemas de congestionamento. Poderá também haver problemas de congestionamento em várias partes da rede. O crescimento do ITES e da externalização conduzirá a picos de tráfego nas rotas onde opera a maioria das empresas de externalização. Dado que a Internet será a rede principal não só para a comunicação mas também para a realização de negócios a nível mundial, a necessidade de sistemas de preços é fundamental. A gestão da capacidade da Internet através de um sistema de preços adequado, de modo a que os recursos sejam atribuídos de forma óptima, é, por conseguinte, um aspeto importante.
Os autores começam por descrever os métodos de afetação óptima dos recursos da rede com base nos avanços da informática. O principal problema de congestionamento nos sistemas informáticos gira em torno do equilíbrio da carga, e são utilizadas três técnicas principais. São elas: conhecimento global, aleatorização e feedback.

O problema que os autores identificam nestas abordagens é que ignoram as consequências económicas do balanceamento de carga. Parte-se do princípio de que o valor de cada tarefa individual é o mesmo. No entanto, é perfeitamente possível que o valor de cada tarefa individual varie em função dos seguintes factores

as prioridades do respetivo utilizador: os autores citam o caso de um adolescente que descarrega grandes ficheiros de música e o de um investigador que efectua cálculos exaustivos enquanto está ligado a um local remoto através da Internet. Naturalmente, *as considerações* económicas e sociais em termos *de custo-benefício* são diferentes.
Dada a complexidade da Internet, a otimização é difícil de alcançar, mas a redução das externalidades negativas através da redução do congestionamento e a obtenção de eficiência na atribuição de largura de banda, de modo a que os utilizadores cujo valor é mais elevado recebam as maiores atribuições de largura de banda, devem ser objectivos de um sistema de preços. Os autores descrevem um sistema de preços dinâmico. Trata-se essencialmente de uma metodologia de fixação de preços baseada na utilização, em que duas componentes importantes do sistema são um "preço de oportunidade", em que é cobrado a um utilizador o preço que os outros utilizadores da rede teriam pago por essa capacidade, e um "preço de prioridade", que é o preço, incluindo um elemento adicional, pago por um acesso mais rápido ou por uma prioridade mais elevada.
Surgiu agora um outro nível na estrutura global da Internet. Trata-se da rede sobreposta, que se situa entre o ISP e o IBP e que é melhor compreendida no contexto das transacções em redes peer-to-peer (P2P). As redes sobrepostas são constituídas por nós de rede que realizam tarefas de agregação de dados quando os vários clientes ligados à Internet através dos seus ISP efectuam as suas transacções P2P. Os dados podem, por exemplo, dizer respeito a todos os utilizadores que contactaram um sistema específico de partilha de ficheiros, formando assim uma rede de serviços específica. As redes de sobreposição são redes de serviços lógicas que são criadas acima da rede de serviços física real através das transacções dos utilizadores.
A existência destas redes sobrepostas altera, por conseguinte, a nossa avaliação da estrutura industrial da Internet. Foi acrescentada uma nova componente à organização industrial da Internet. Temos agora de considerar outro elo da cadeia, por assim dizer, e analisar se, e em que medida, este elemento da rede é relevante para a concorrência. É geralmente reconhecido que a existência de redes sobrepostas deu origem a problemas de propriedade intelectual, mas, nesta fase, é pouco provável que dê origem a problemas de poder de mercado. Os autores sugerem três das várias aplicações possíveis das redes sobrepostas: trabalho em colaboração, gestão de recursos distribuídos e automatização do acesso e das tarefas através de agentes de software. Todas estas aplicações são claramente aquelas que se realizam a distâncias geográficas extremas, devido à economia do fenómeno da externalização. É evidente que a afetação dinâmica dos recursos em redes cada vez mais complexas, mas surpreendentemente abertas, torna também complexa a construção de tabelas de encaminhamento. As considerações de poder de mercado não são agora
mas a gestão do tráfego e das operações é importante. Em ambos os casos, é importante uma conceção adequada dos mecanismos.

3.4. Para uma economia do sistema de nomes de domínio .

O fenómeno dos nomes de domínio é tão controverso que uma organização especial das Nações Unidas, a Organização Mundial da Propriedade Intelectual (OMPI), se ocupa regularmente dos processos e o tema diz agora respeito às Nações Unidas no seu conjunto. Uma das questões é a identidade. Em particular, uma identidade cibernética única assenta na posse de um nome de domínio único, como www.elsevier.com, e o comércio de nomes de domínio é um mercado que vale 2,5 mil milhões de dólares por ano. Uma vez que os nomes de domínio são bens comercializáveis, é necessário compreender também outros atributos associados aos bens comercializados, como as condições básicas da procura e da oferta. O autor observa, e com razão em nossa opinião, que muita política tem sido feita em relação aos nomes de domínio sem compreender os fundamentos do nome de domínio como um recurso.

Em primeiro lugar, devemos mencionar uma descrição técnica do Sistema de Nomes de Domínio (DNS), a que se seguem secções que destacam as principais caraterísticas do lado da procura e as principais caraterísticas do lado da oferta. Esta caraterização é importante porque ajuda a definir os contornos de um segmento de indústria que, como descreveremos mais adiante, se está a revelar a componente mais crítica do espaço Internet em termos institucionais.

Do lado da procura, o autor define duas dimensões relacionadas com a procura de nomes de domínio. São elas a procura puramente técnica das rotinas básicas de identificação e a procura semântica. A procura semântica é o lado humano da procura, que está associado a tornar um nome de domínio apelativo, memorável ou único. De certa forma, a área da análise da procura de nomes de domínio merece maior atenção, recorrendo ao quadro que existe na literatura sobre a procura dos consumidores e o marketing da variedade de produtos. A dimensão semântica tem também uma componente política, uma vez que a função de autenticação associada à dimensão semântica é um sinal de qualidade ou de estatuto especial. A forma como os nomes semânticos são atribuídos a indivíduos, empresas e organizações não é, portanto, apenas uma função da procura explícita, mas envolve também um processo de certificação implícita. Por outras palavras, a atribuição de nomes de domínio tem um aspeto de controlo que é contrário ao espírito livre que caracteriza o fenómeno da Internet no seu conjunto.

De certa forma, a certificação implícita dos nomes de domínio ajuda a reforçar a confiança da comunidade de utilizadores da Internet, que abrange agora quase todo o mundo, e a questão da confiança nas actividades em linha é uma área de investigação muito vasta. No entanto, a questão da certificação implícita levanta outra questão importante: Quem escolhe os certificadores? Isto é semelhante à questão de quem regula os reguladores. Como se descreve a seguir, é precisamente esta questão da criação e jurisdição da Sociedade Internet para a Atribuição de Números (ICANN) que tem causado grande agitação na comunidade Internet a nível mundial.

Do lado da oferta, o autor descreve em pormenor a estrutura dos fornecedores de nomes de domínio, que é constituída por três componentes: os servidores de raiz, os registos e os agentes de registo. Os servidores de raiz gerem os ficheiros de zona de raiz e qualquer nome de domínio de topo, como www.elsevier.com, só pode ser acedido depois de ter sido verificado pelo servidor de raiz e disponibilizado ao público em geral através da Internet.

A inclusão de um nome de domínio na zona de raiz é a expressão máxima da entrada no espaço Internet. A dimensão política torna-se agora importante porque, à exceção de três servidores de raiz, um no Japão, um na Suécia e um no Reino Unido, todos os outros estão localizados nos Estados Unidos e, atualmente, no espaço Internet, não é a capacidade mas a identidade que constitui uma barreira. Assim, mesmo que haja uma grande largura de banda e conetividade e a capacidade de tirar partido da Internet, a identidade é fortemente controlada. Atualmente, os problemas fundamentais são institucionais e não técnicos. Não se trata de um problema de produção, mas de um problema de distribuição.
As questões institucionais que se colocam também dizem respeito aos registos e aos agentes de registo. Trata-se de um mercado vertical em que os serviços dos registos estão a montante e os dos agentes de registo estão a jusante. O agente de registo de nomes de domínio original era a Network Solutions, Inc., que foi adquirida pela VeriSign, atualmente o maior agente de registo. O autor salienta a falta de concorrência no mercado dos registos e o domínio do principal operador, que foi autorizado pela National Science Foundation a cobrar pelos seus serviços, apesar de não existirem alternativas na altura.
Devemos também salientar a relação entre os registos e os agentes de registo como uma questão sensível para a política de concorrência, uma vez que o mercado secundário de nomes está agora a crescer significativamente e o papel dos agentes de registo está a tornar-se importante. No entanto, se houver oportunidades limitadas ao nível dos registos e um domínio quase total ao nível dos servidores de raiz, então
Existe também um estrangulamento na Internet, bem como na rede fixa local.

4. Considerações institucionais

Esta secção centra-se nos benefícios e custos de várias medidas políticas para o sector das telecomunicações, abrangendo a política e a regulamentação da concorrência, a propriedade pública, a privatização e a liberalização.

4.1. Gargalos e bandwagons: a política de acesso nas novas telecomunicações.

Em "Bottlenecks and Bandwagons: Access Policy in the New Telecommunications", Gerald Faulhaber distingue dois conceitos de acesso interligados, o acesso por estrangulamento e o acesso por banda larga. Estes dois efeitos dão origem a duas racionalidades e orientações políticas diferentes para a política de acesso. O sector das telecomunicações é um exemplo de uma indústria em que ocorrem ambos os efeitos. Estes conceitos estão estreitamente relacionados com a distinção entre o acesso *unidirecional* ou vertical e o acesso *bidirecional*, também conhecido por acesso horizontal ou interligação, feita na literatura sobre a *fixação dos preços do acesso*. Os bandwagons são semelhantes aos efeitos de rede. Apesar destas semelhanças, o autor utiliza o congestionamento e os "bandwagons" para apresentar uma síntese inovadora de perspectivas políticas.
Estas conclusões são bem ilustradas pelas decisões da Federal Trade Commission (FTC) e da Federal Communications Commission (FCC) relativas à fusão *AOL-Time* Warner. Esta fusão abordou ambas as questões, com a FTC a centrar-se no acesso aos modems de cabo como estrangulamentos e a FCC a centrar-se no acesso aos serviços avançados de mensagens instantâneas como largura de banda. O autor deixa claro que o congestionamento e a largura de banda são tipos muito diferentes de falhas de mercado e exigem soluções regulamentares e antitrust diferentes.

A discussão do autor torna claro que a diferença entre um estrangulamento ou uma instalação essencial e um simples monopólio não é de modo algum trivial. Normalmente, considera-se que quatro caraterísticas combinadas causam um problema de estrangulamento. São elas: (1) propriedade exclusiva de um recurso pelo proprietário do ponto de estrangulamento; (2) incapacidade de outros duplicarem esse recurso; (3) relutância do proprietário do ponto de estrangulamento em colocar o recurso à disposição dos concorrentes em condições razoáveis; e (4) prejuízo para o processo concorrencial causado por essa relutância. A caraterística (2) exige um monopólio natural ou outra barreira à entrada (patente, direitos de autor, etc.). A caraterística (3) sugere um boicote, mas será que o problema desapareceria se o proprietário do ponto de estrangulamento pagasse o preço de monopólio pela utilização do recurso?

Fator de produção com estrangulamento? A propriedade (4) indica uma proporção fixa de factores de produção que os concorrentes a jusante não podem substituir.
Uma vez que o monopolista de um fator de produção pode exercer todo o seu poder de mercado (tanto a montante como a jusante) sobre o preço do fator de produção no caso de quotas fixas, não deveria haver qualquer incentivo para um boicote. O problema do estrangulamento parece ser, por conseguinte, a forma de eliminar o poder de mercado do monopólio do fator de produção. O autor pergunta, por conseguinte, se os estrangulamentos constituem efetivamente um problema se o monopólio do fator de produção for adquirido através da inovação ou de uma eficiência superior e não herdado através de um monopólio. O autor pergunta ainda se existe um mecanismo viável para resolver o problema através dos preços e das condições contratuais. Se não for esse o caso, a concorrência no domínio do congestionamento pode ser preferível à regulação do congestionamento. Isto implica a questão de saber se a instalação essencial pode ser contornada pelos utilizadores finais (e não pelos concorrentes!) e se estão no horizonte novas tecnologias para substituir a instalação essencial. Além disso, será que o acesso ao congestionamento se desenvolverá por si só na ausência de regulamentação?
Ao contrário dos estrangulamentos, a caraterística de monopólio não é uma caraterística necessária dos bandwagons, mas apenas um resultado possível. Um exemplo de um oligopólio sustentável é o crescimento da espinha dorsal da Internet através do peering. A caraterística mais importante dos bandwagons é a interdependência, que não existe em caso de estrangulamento. No entanto, a interdependência dos bandwagons não é normalmente simétrica, mas depende da quota de mercado. Consequentemente, a quota de mercado confere a um fornecedor uma vantagem independente sob a forma de economias de escala do lado da procura.
A propriedade bandwagon está no centro da utilização estratégica dos efeitos de rede na criação de problemas de compatibilidade por empresas dominantes, como a Microsoft. Poderá então um líder de mercado eliminar a concorrência recusando-se a efetuar uma fusão? Este efeito, conhecido como "market tipping", depende da forma da curva do efeito de rede e da quota de mercado da empresa dominante. Economides argumenta, por exemplo, que, no caso dos fornecedores de serviços de Internet, a viragem só pode ocorrer com uma quota de mercado de quase 100%.
As novas telecomunicações caracterizam-se por uma elevada taxa de evolução tecnológica, uma caraterística para a qual foi desenvolvida a hipótese do monopólio em série. Esta hipótese afirma que os inovadores que monopolizam um mercado são eles próprios ameaçados pela(s) geração(ões) seguinte(s) de inovações. Por conseguinte, a ineficiência estática é considerada necessária para produzir a próxima ronda de inovações.

O autor argumenta que, mesmo que se aceite a hipótese do monopólio em série em geral, é difícil substituir um monopolista atual se os efeitos de rede conduzirem a
A rigidez, por exemplo, devido a dificuldades na mudança de clientes ou a barreiras à entrada no mercado. Os efeitos de rede, em conjunto com os valores da concentração, tornariam quase impossível a entrada no mercado do próximo monopolista em série.
Há também poucas provas empíricas a favor da hipótese do monopólio em série em geral. Na medida em que a hipótese do monopólio em série está correta, o problema dos fracos direitos de propriedade intelectual pode exigir práticas anti-concorrenciais como substituto desses direitos. No entanto, o autor argumenta que a melhoria dos direitos de propriedade intelectual seria muito melhor do que uma aplicação pouco rigorosa da legislação antitrust.
No futuro, as instalações essenciais nas redes de telecomunicações poderão tornar-se mais raras devido ao progresso tecnológico e à concorrência intermodal, enquanto os lucros inesperados poderão florescer devido à convergência dos meios de comunicação social.

4.2. Os remédios antitrust e a conceção institucional da regulamentação.

Embora os EUA tenham sido, durante muito tempo, o líder incontestado na liberalização do sector das telecomunicações, ficaram agora atrás de outros países em várias áreas, como a das comunicações móveis. É também de referir as principais diferenças e semelhanças políticas que podem ser responsáveis por esta mudança. Os autores referem que os EUA e a Europa diferem tanto na abordagem da transição da regulação para os instrumentos de política de concorrência como nas suas políticas de concorrência. Segundo os autores, desde a dissolução da AT&T em 1984, os EUA reduziram a influência da política antitrust no sector das telecomunicações, enquanto a UE aumentou essa influência, nomeadamente no seu novo quadro regulamentar.
Enquanto a abordagem europeia da relação entre a política de concorrência e a regulamentação se baseia numa conceção sistemática, a abordagem nos Estados Unidos é impulsionada por uma variedade de interesses que actuam através da legislação, das entidades reguladoras e dos tribunais. Não é que estes grupos de interesses não existam na UE.
No entanto, a sua influência é menos pronunciada na fase de definição da política geral da UE. Em consequência, a abordagem da UE, impulsionada pela visão da convergência, tornou-se uniforme nas diferentes partes do sector das telecomunicações e orientada para a concorrência em condições equitativas nos mercados relevantes, enquanto a abordagem dos EUA tem enormes dificuldades em conciliar as diferenças históricas na regulamentação da telefonia, da televisão por cabo e dos serviços sem fios. Por exemplo, a diferente regulamentação do acesso em banda larga em

A DSL e o modem por cabo são explicados pela sua afetação original aos sectores do telefone e do cabo.
Apesar destas diferenças, as políticas da UE e dos EUA caracterizam-se pela mesma visão, a saber, que a concorrência deve, em última análise, prevalecer em todo o sector das telecomunicações. Parte-se do princípio de que os monopólios naturais e os efeitos de rede acabarão por desaparecer. Entretanto, a regulamentação existe para criar concorrência em todas as áreas de utilização final das telecomunicações. Assim, a regulamentação passou da proteção dos utilizadores finais para a proteção da

concorrência e, como defendem os autores, dos concorrentes. Esta proteção pode ser associada a uma regulamentação *pesada*.
Esta regulamentação provoca custos administrativos diretos e custos *relacionados com a rede*. Estes últimos incluem os custos da desagregação e da interligação, o estabelecimento da portabilidade dos números e outros custos semelhantes. Além disso, surgem custos indirectos sob a forma de incentivos distorcidos ou reduzidos à inovação, ao investimento e à redução dos custos. Nem a abordagem dos EUA nem a da UE analisam explicitamente esses custos. No entanto, olhando para o grau de desagregação da rede exigido nos EUA em comparação com a UE, por exemplo, é evidente que as autoridades da UE concluíram implicitamente que a desagregação nos EUA vai demasiado longe. Nesta fase, porém, os EUA parecem estar a caminho de inverter a sua política de desagregação, como demonstram o Despacho Trienal de 2003 da FCC e o Despacho de Desagregação revisto de 2005.
Tanto as medidas de correção antitrust, que podem ser adoptadas ex ante e ex post, como a regulamentação ex ante, tratam das deficiências do mercado. Em geral, as medidas de correção ex ante são mais drásticas e devem, por conseguinte, ter em conta as deficiências significativas do mercado. O domínio mais conhecido da política antitrust ex ante é o das concentrações. As concentrações têm muitas semelhanças com os problemas causados pela regulamentação na presença de concorrência. Em ambos os casos, a evolução futura do mercado deve ser avaliada antes de serem impostas medidas de correção e, em ambos os casos, as medidas de correção têm um impacto sobre a competitividade futura do sector. Neste sentido, ambas as medidas são especulativas e, segundo os autores, devem ser avaliadas com mais cuidado do que as medidas ex-post que corrigem as deficiências observadas no mercado. No entanto, é possível argumentar a favor da política ex ante para manter o status quo. Por exemplo, no caso das concentrações, as medidas corretivas, embora potencialmente drásticas, são menos drásticas do que uma alienação ao abrigo de uma política ex post. Do mesmo modo, uma política de interligação imposta a um operador histórico atualmente dominante é menos drástica do que a mesma política imposta a um novo operador em rápida expansão que se espera venha a tornar-se dominante no futuro. A política da UE reconhece esta diferença, por exemplo, isentando os mercados emergentes de regulamentação.
O quadro comunitário das telecomunicações está em plena sintonia com a caraterização que os autores fazem da regulamentação como medidas ex ante e da política de concorrência como medidas ex post. De facto, todas as medidas regulamentares do quadro são explicitamente formuladas como medidas ex ante. Em contrapartida, a nova lei alemã das telecomunicações (TKG 2004) também introduz uma forma intermédia de regulação, conhecida como regulação ex post dos preços. Segundo esta abordagem, as empresas que dominam o mercado podem fixar os seus próprios preços, mas devem notificá-los previamente à autoridade reguladora, que pode simplesmente aceitá-los ou adiar a sua aplicação e dar início a um processo regulamentar. Além disso, a entidade reguladora pode cobrar os montantes abusivamente excessivos entretanto cobrados pelas empresas. Esta secção foi incluída na TKG 2004 para evitar uma regulamentação *abrangente* do sector da telefonia móvel, que ainda não está abrangido pelas disposições relativas à posição dominante no mercado.
Poderá justificar-se o receio de que, embora o quadro comunitário possa fazer avançar os mercados retalhistas para a desregulamentação, a regulamentação do mercado grossista da terminação de chamadas possa persistir e mesmo manter-se, embora a concorrência intermodal entre as redes fixas e móveis acabe por entrar em pleno funcionamento. Se a

regulamentação ex ante dos preços for aplicada aos sectores móveis concorrenciais neste momento, não haverá razão para a abandonar. Não é previsível qualquer aumento da reprodutibilidade que possa levar a uma flexibilização gradual desta regulamentação, de acordo com a abordagem em escada de Cave et al. (2001). Haveria então apenas duas possibilidades de desregulamentação. A primeira e mais simples seria a transição para um princípio geral do recetor-pagador. Isto resolveria o problema dos encargos de terminação e centrar-se-ia inteiramente nas condições qualitativas e nas questões de localização da interconexão. A segunda opção seria viver com mercados de terminação imperfeitos.

4.3. Telecomunicações e desenvolvimento económico.

Embora o fosso de desenvolvimento das telecomunicações entre os países de elevado rendimento e os países em desenvolvimento seja significativo em geral e em termos de clivagem digital, é evidente que as telecomunicações nos países em desenvolvimento podem mudar tanto ou mais do que nos países desenvolvidos. A ascensão da China e da Índia como potenciais líderes mundiais no domínio das telecomunicações é um exemplo deste último fenómeno. Ao mesmo tempo, estão a surgir nos países em desenvolvimento novos fossos entre líderes e retardatários.

Importa também referir a estreita relação entre as mudanças institucionais e o desenvolvimento do sector. Os países que privatizaram, liberalizaram e criaram instituições reguladoras estáveis registaram também maiores progressos na penetração do telefone e da Internet e na

A concorrência é um motor mais forte para a expansão das telecomunicações do que a privatização por si só. Acima de tudo, a concorrência é um motor mais forte para a expansão das telecomunicações do que a privatização por si só. Os serviços Internet nos países em desenvolvimento expandem-se melhor quando permanecem em grande parte não regulamentados e têm acesso aberto às redes públicas. A proteção dos fornecedores de rede estabelecidos é frequentemente contrária à introdução de serviços mais modernos e mais baratos. Isto é particularmente verdade no caso do VoIP, que é proibido em muitos países para proteger os operadores de rede dominantes da erosão das tarifas das chamadas de longa distância e internacionais. No entanto, mais cedo ou mais tarde, o VoIP tornar-se-á um concorrente sério das redes estabelecidas, quer seja proibido ou não.

Os autores chamam a atenção para o impacto da melhoria dos sectores das telecomunicações no conjunto das economias, uma vez que a melhoria dos sectores das telecomunicações permite que os países em desenvolvimento exportem serviços, substituindo assim *os trabalhadores* dos países com rendimentos elevados. Isto sugere que os países que ainda não reformaram os seus sectores de telecomunicações devem ver as suas oportunidades em aderir ao movimento das reformas. Devemos também mencionar que a capacidade de efetuar reformas depende do quadro institucional de um país, pelo que as reformas em países com um quadro institucional insuficiente podem não conduzir aos resultados desejados. Por conseguinte, seria importante conhecer as reformas que falharam, quer no sentido de que tiveram de ser abandonadas antes de serem concluídas, quer no sentido de que foram concluídas mas não conduziram aos resultados desejados.

A política de serviço universal nos países em desenvolvimento tem normalmente um significado muito diferente do que tem nos países de rendimento elevado. Nos países de rendimento elevado, o serviço universal centra-se no acesso a serviços básicos ou avançados para indivíduos ou agregados familiares. Em contrapartida, a política de serviço universal nos países em desenvolvimento diz respeito principalmente à ligação de aldeias ou zonas remotas a meios de comunicação modernos, incluindo o acesso à Internet. O que ambas têm em comum é um padrão de subvenções cruzadas entre *zonas* urbanas e *rurais* e um impulso *político-económico* semelhante.

4.4. Mudanças institucionais nos mercados emergentes: Implicações para o sector das telecomunicações

Os serviços de telecomunicações caracterizam-se por elevados investimentos irrecuperáveis, economias de escala e de gama e produtos que são consumidos em grande escala.

A combinação destas caraterísticas conduziu tradicionalmente à propriedade e/ou regulação do sector pelo Estado, tornando a fixação de preços no sector uma questão politicamente sensível. O autor salienta, em particular, a rentabilidade política a curto prazo da expropriação dos custos irrecuperáveis a favor de preços baixos para as massas, o que exige salvaguardas contra o oportunismo do Estado para conseguir investimentos no sector. A propriedade estatal é então interpretada como o resultado da incapacidade da política de se comprometer a não expropriar o investimento privado no sector. Nesta perspetiva, a continuação da participação do Estado não conduziria necessariamente a um declínio do investimento se a alternativa fosse um sector privado que sofresse uma intervenção maciça do Estado.

No centro da análise do autor está o quadro institucional de um país, que determina quais as estruturas de governação e de incentivos que são viáveis e óptimas para o sector das telecomunicações num país. O quadro institucional inclui diferentes instituições políticas, jurídicas e económicas, bem como diferentes populações, níveis de vida e condições geográficas. A fim de evitar o oportunismo regulamentar, o equipamento deve limitar a margem de manobra da autoridade reguladora. Ao mesmo tempo, o sector das telecomunicações, em particular, exige uma regulamentação flexível para se adaptar a um ambiente em rápida evolução. Ultrapassar esta tensão e encontrar um equilíbrio entre restrições e flexibilidade é a difícil tarefa da reforma do sector. O autor baseia-se nos EUA e no Reino Unido como dois modelos diferentes e amplamente bem sucedidos de disposições institucionais, com os EUA a adoptarem uma abordagem descentralizada e o Reino Unido uma abordagem centralizada.

A principal caraterística da regulamentação dos EUA é o facto de as entidades reguladoras das telecomunicações terem poder discricionário para proceder a reformas dentro dos limites legais e processuais, mas serem supervisionadas primeiro por um tribunal e depois pelos órgãos legislativos, que intervêm com novas leis quando as entidades reguladoras e os tribunais se desviam significativamente da vontade do legislador na interpretação da lei existente. Com a Lei das Telecomunicações de 1996, isto aconteceu muito tarde no processo de reforma das telecomunicações americanas, depois de a concorrência nos serviços de longa distância e no equipamento de telecomunicações e a alienação da AT&T terem ocorrido sem interferência legislativa. Em contrapartida, o processo de reforma no Reino Unido teve início com a legislação, as revisões judiciais subsequentes foram muito menos pronunciadas, o governo e não as entidades reguladoras tomou as principais decisões regulamentares e as licenças foram um instrumento importante para limitar o poder discricionário das entidades reguladoras.

O autor parte destas observações para desenvolver considerações teóricas sobre o controlo da regulamentação. Centrando-se em primeiro lugar nos sistemas federais, observa que as condições prévias para uma forte tradição de controlo judicial das decisões regulamentares são que a separação de poderes seja real e que o poder judicial não possa

ser manipulado pelos partidos políticos. Devemos também mencionar que as agências independentes são favorecidas em países onde o poder legislativo e o poder executivo não são necessariamente dominados pelo mesmo partido. Uma vez que os legisladores não podem esperar implementar eles próprios as leis regulamentares nestas circunstâncias, têm de confiar nos tribunais para interpretar as leis de modo a que os reguladores não se desviem demasiado das intenções do legislador.
É interessante notar que na Alemanha, um país onde tradicionalmente não existe discricionariedade na regulamentação, foi introduzida em 1998 uma regulamentação relativamente independente das telecomunicações, juntamente com a liberalização do sector telefónico. Este facto conduziu a uma explosão sem precedentes de recursos administrativos contra decisões regulamentares. Na Alemanha, o recurso judicial fazia parte da estrutura reguladora existente, mas a sua importante aplicação ao sector das telecomunicações teve de esperar até que fosse introduzida uma nova instituição reguladora para tomar decisões discricionárias.
Espera-se que o novo quadro das telecomunicações da União Europeia aumente o âmbito discricionário das autoridades reguladoras nacionais *em relação aos* seus próprios governos e legisladores. Na opinião do autor, este facto pode, por sua vez, ser interpretado a partir da separação de dois principais decisores institucionais, neste caso a Comissão Europeia, por um lado, e os legisladores de cada país e os seus governos, por outro. Será interessante ver como isto se desenrola. Relativamente aos sistemas unitários de governo, Spiller analisa em particular as caraterísticas da regulamentação baseada em tratados e mostra como esta pode conduzir a um compromisso, desde que exista um sistema judicial independente que garanta o cumprimento dos tratados. Num sistema deste tipo, as reformas podem ser efectuadas através da renegociação dos tratados.
A decisão institucional que torna possível o progresso tecnológico poderia ser iniciada com esta nota. De facto, a proposta poderia ser invertida. O progresso tecnológico e o crescimento do mercado reduzem significativamente os problemas de expropriação por parte do Estado e das entidades reguladoras, ao mesmo tempo que limitam a capacidade do Estado e das entidades reguladoras para financiar e gerir o sector. Neste contexto, o progresso técnico, o desenvolvimento do mercado e as instituições que regulam o sector das telecomunicações influenciam-se mutuamente.

Capítulo 2 A prática dos preços de acesso nas telecomunicações

1. Introdução

Neste capítulo, procuramos relacionar esta teoria com a prática dos preços de acesso no sector das telecomunicações nos países da OCDE. O nosso objetivo é identificar os serviços que devem ser regulamentados, a forma como a regulamentação de determinados serviços interage com a regulamentação de outros serviços e a forma como os preços de acesso se relacionam com os preços dos correspondentes serviços de retalho ou de utilizador final.
Tentaremos assinalar os pontos de divergência entre a teoria e a prática.
Como vimos, podemos distinguir entre problemas de acesso unidirecional e bidirecional. Os problemas de acesso unilateral ocorrem quando o fornecedor de um serviço concorrencial necessita de aceder a um serviço não concorrencial fornecido por outra empresa, mas não o contrário. No presente relatório, centrar-nos-emos nos seguintes problemas de acesso unilateral nas telecomunicações: 1. acesso à originação e à terminação de chamadas em ambos os extremos de uma chamada (para fornecer chamadas locais, interurbanas ou internacionais concorrenciais de extremo a extremo);

Figura 1: Configuração e terminação de chamadas unilaterais para chamadas de voz

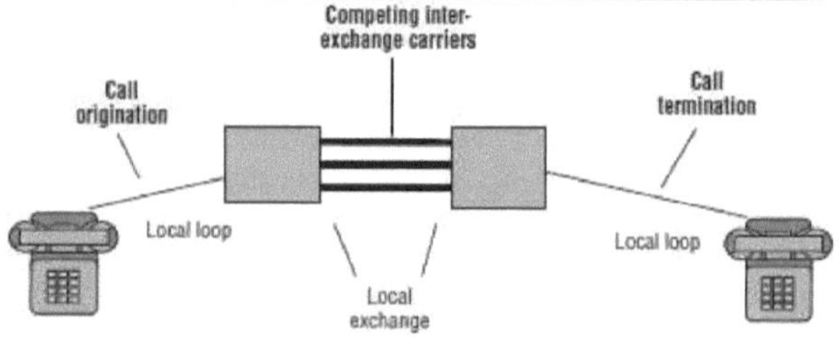

Fonte: OCDE

2. Acesso para estabelecer uma ligação para a prestação de serviços de acesso à Internet;

Figura 2: Configuração de ligação unidirecional para chamadas para fornecedores de serviços Internet

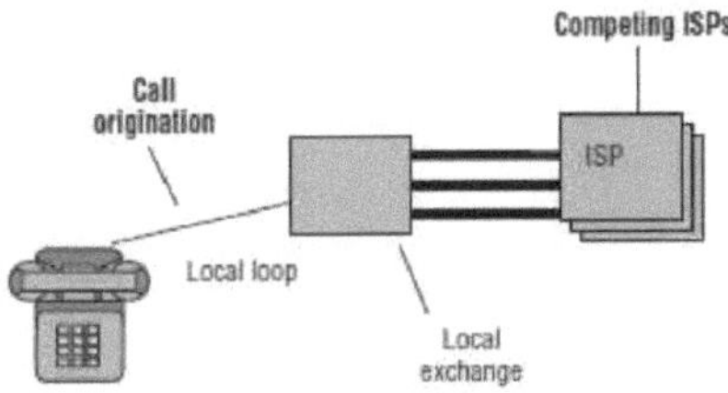

Fonte: OCDE

3. Acesso aos recursos físicos da linha de assinante (normalmente cabo de cobre) (*ou seja,* "oferta separada da linha de assinante").

Figura 3 . Acesso unilateral à linha de assinante desagregada

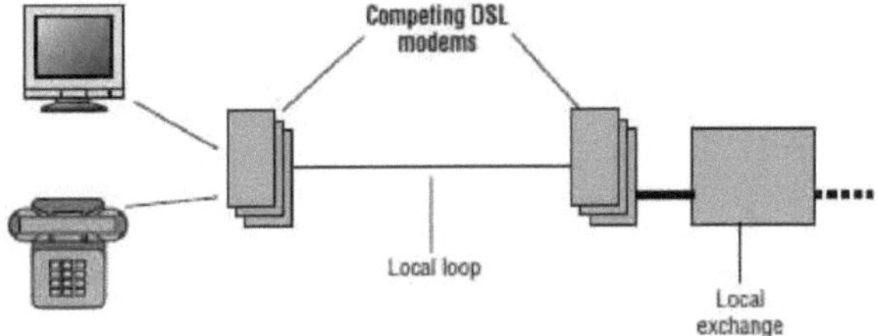

Fonte: OCDE

Os problemas de acesso mútuo ocorrem quando os proprietários de instalações com estrangulamento necessitam de obter inputs essenciais uns dos outros. É sempre o que acontece nas telecomunicações quando os assinantes de uma rede pretendem comunicar com os assinantes de outra rede, como é o caso da interconexão de duas redes fixas, de redes fixas e móveis ou de duas redes móveis. Esta situação é ilustrada na figura 4.

Há uma série de outros serviços de telecomunicações que podem ser considerados "recursos essenciais", para os quais o acesso é por vezes obrigatório, mas que não são discutidos no presente relatório, incluindo

Transporte do ponto de interconexão para a central local (se o outro operador de rede efetuar a interconexão a um nível de rede diferente);

Figura 4: Interligação bidirecional: rede fixa - rede fixa, rede fixa - rede móvel, rede móvel - rede fixa

E móvel-móvel

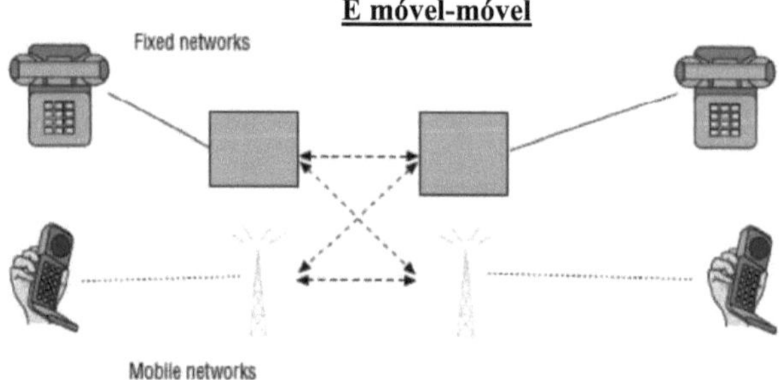

Fonte: OCDE.

2. Acesso a determinadas linhas alugadas (especialmente as que não podem ser duplicadas economicamente por operadores concorrentes e que são essenciais para a concorrência);
3. Acesso a direitos de passagem (tubos e condutas), acesso a locais elevados (para antenas) ou acesso a instalações dentro das instalações de um operador histórico (co-localização);
4. Acesso a recursos de numeração e endereçamento eletrónico;
5. Acesso aos serviços de roaming nas redes móveis;
6. Acesso a serviços de acesso condicional (*ou seja,* dispositivos de cifragem/decifragem de vídeo para serviços de televisão interactiva e por assinatura).

2. Arbitragem regulamentar e ligações entre diferentes preços de acesso

Embora tenhamos distinguido cuidadosamente os problemas de tráfego de sentido único e de sentido duplo, na prática nem sempre é possível ou desejável distinguir entre tráfego que se enquadra na categoria "sentido único" ou "sentido duplo".
Em particular, como veremos, a distinção entre estes dois tipos de tráfego pode conduzir à arbitragem regulamentar (ou seja, uma situação em que um operador tem um incentivo para desviar ou reclassificar o tráfego a fim de beneficiar de tarifas mais baixas) ou a uma distorção da concorrência. Além disso, pode não ser possível estabelecer tarifas diferentes para a originação e a terminação de chamadas, dado que isso pode conduzir a distorções da concorrência para os utilizadores finais que fazem mais chamadas do que as que recebem (ou *vice-versa*).

Ligações entre a terminação de chamadas unilaterais e bilaterais

Em primeiro lugar, concentremo-nos numa possível ligação entre a terminação de chamadas unidirecional e bidirecional. A ideia de base é que, sempre que existam encargos diferentes para a terminação de fluxos de tráfego diferentes, há um incentivo para que as empresas de telecomunicações reencaminhem ou reetiquetem o seu tráfego

de modo a beneficiarem de encargos mais baixos. Poderá ser necessária uma intervenção regulamentar mais rigorosa para manter separados os diferentes fluxos de tráfego.
Suponha que o custo da terminação de chamadas bidireccionais é inferior ao da terminação de chamadas unidireccionais. Por exemplo, pode não haver qualquer encargo para terminar uma chamada bidirecional (como seria o caso com um acordo de faturação e manutenção), enquanto o custo de terminar uma chamada de longa distância pode ser, digamos, de 4 cêntimos por minuto. Suponhamos que a empresa que termina a chamada não pode determinar de onde vem a chamada, mas pode determinar se a empresa com que está a lidar tem uma licença para chamadas locais ou de longa distância.
Nestas circunstâncias, existe um forte incentivo para que um operador de longa distância encaminhe o seu tráfego através de operadores locais de comutação, a fim de se interligar com o operador histórico local e terminar as chamadas à tarifa de terminação mais baixa em ambos os sentidos. A diferença entre as tarifas de terminação conduz à arbitragem regulamentar - uma empresa de longa distância é incentivada a criar uma empresa local que, de outro modo, não existiria, a fim de "arbitrar" a diferença entre as tarifas de terminação unidirecional e bidirecional. Esta situação é ilustrada na Figura 5:

Figura 5: Se a terminação de chamadas nos dois sentidos for mais barata, um operador de longa distância pode ter um incentivo para encaminhar as suas chamadas através de um operador local

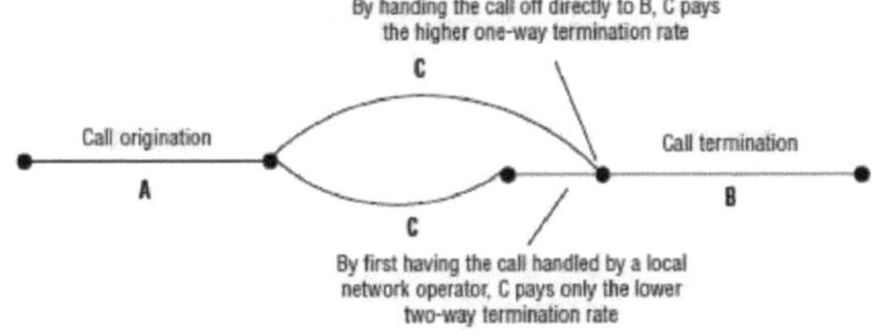

Fonte: OCDE.

Nos EUA, por exemplo, houve queixas dos IXC sobre a concorrência desleal da telefonia via Internet. Em 19 de abril de 2001, a FCC decidiu que o tráfego telefónico Internet dos ISP é um acesso interestatal e não está sujeito aos acordos de compensação recíproca aplicáveis aos CLEC. No entanto, os ISP foram classificados como "acesso à informação" e, por conseguinte, não pagam as mesmas taxas de terminação e de origem que o tráfego vocal dos IXC. Os ISP podem, por conseguinte, ter uma vantagem concorrencial no mercado de longa distância.
Uma variante deste problema surgiu também no mercado da telefonia móvel. No passado, as tarifas para a entrega de chamadas internacionais eram determinadas de acordo com o sistema de tarifas de faturação internacional. Por diversas razões, este sistema não diferenciava a terminação em redes fixas e móveis. Consequentemente, em muitos casos, a tarifa para a terminação de chamadas internacionais numa rede móvel (neste caso, a tarifa de terminação "unidirecional") é inferior à tarifa de terminação doméstica fixo-móvel (neste caso, a tarifa de terminação "bidirecional"). Isto constitui um forte incentivo para que os operadores de redes fixas nacionais redireccionem o seu tráfego de terminação bidirecional para que apareça como tráfego "unidirecional", ou seja, para que

redireccionem o tráfego internacional para as redes móveis nacionais.
Esta situação é conhecida por "tromboning". Por exemplo, a France Telecom paga 33 cêntimos de dólar americano pela entrega de uma chamada de uma rede fixa para uma rede móvel, mas pela entrega de chamadas de países vizinhos, a France Telecom recebe 8-9 cêntimos por minuto, dos quais transfere 5 cêntimos para o operador móvel pela entrega da chamada. Existe um forte incentivo para os operadores de redes fixas em França encaminharem as chamadas através de redes fixas estrangeiras para as redes móveis francesas. Além disso, pode haver uma distorção regulamentar se a entidade reguladora diferenciar o tráfego com base no estatuto regulamentar da empresa que solicita a terminação. As empresas que têm acesso às tarifas mais baixas estão em vantagem. Na Figura 6, a empresa A tem uma vantagem porque, como operador local, pode terminar chamadas com B a uma tarifa bidirecional mais baixa do que a empresa C, que tem o estatuto regulamentar de operador de longa distância. Para evitar este tipo de distorção, a entidade reguladora pode ser forçada a impor restrições aos operadores com um estatuto regulamentar diferente - a entidade reguladora pode ser forçada a impedir que os operadores que podem interligar-se na mesma base que os operadores locais (por exemplo, os FSI) ofereçam serviços de longa distância.

Figura 6: Um operador integrado de transportes locais e de longo curso pode ter uma vantagem sobre um operador de transportes de longo curso.

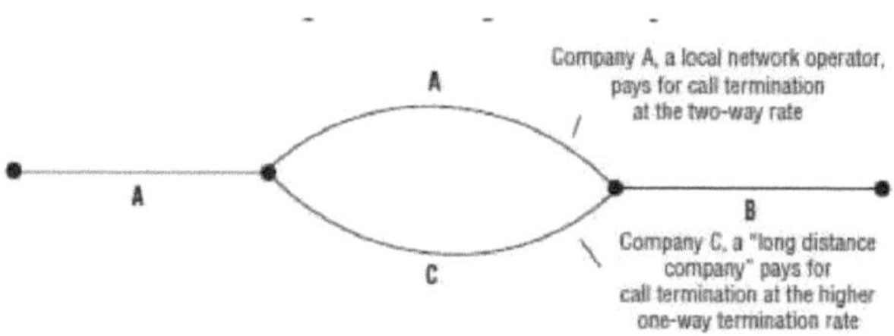

Fonte: OCDE.

Ligações entre a configuração de uma ligação unilateral e bilateral

Os mesmos efeitos podem também ser observados no lado da originação, embora neste caso a estratégia que as empresas têm de adotar para compensar as diferenças nas taxas de originação pareça, à primeira vista, um pouco mais artificial. Se a taxa de originação bidirecional for inferior à taxa de originação unidirecional, as empresas que geram um elevado tráfego de saída são incentivadas a classificar o seu tráfego como tráfego bidirecional, a fim de obterem uma regulamentação favorável. A dificuldade adicional é que a "taxa de originação de chamadas bidireccionais" não é definida diretamente pela entidade reguladora, mas representa a diferença entre o preço de retalho de uma chamada local e a taxa regulamentada para a terminação de uma chamada bidirecional.
Para ilustrar esta situação, suponhamos que são cobrados aos utilizadores finais 4 cêntimos por minuto para estabelecer uma chamada unidirecional e terminar uma chamada bidirecional, por exemplo, enquanto aos utilizadores finais são cobrados 5 cêntimos por minuto por uma chamada local. Neste caso, um operador de longa distância

que se ligue diretamente ao operador estabelecido pagará 4 cêntimos por minuto por uma chamada unidirecional. No caso de interligação através de uma rede local da filial, o operador estabelecido cobra 5 cêntimos adicionais pela ligação local, mas paga à rede local 4 cêntimos pela entrega da chamada em ambos os sentidos. O operador de longa distância pode efetivamente obter a originação de chamadas à taxa de 5 - 4 = 1 cêntimo por minuto. É verdade que o utilizador final tem de pagar o custo adicional de uma chamada local, mas este é mais do que compensado pelos encargos mais baixos da componente de transporte de longa distância. Ver Figura 7.

Figura 7: Se fazer chamadas em ambas as direcções for mais barato, um operador de longa distância pode ter um incentivo para encaminhar as suas chamadas através de um operador local

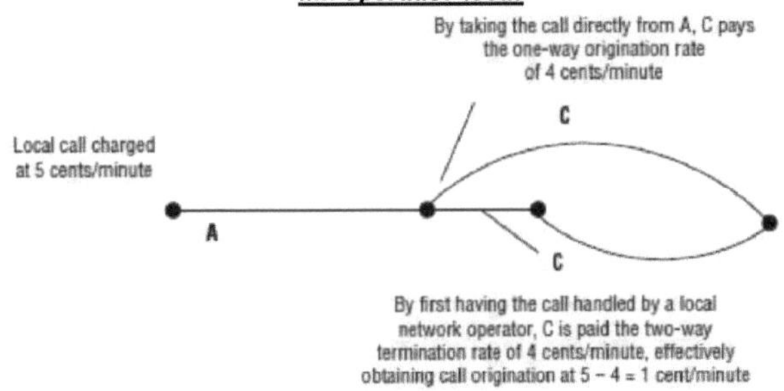

Fonte: OCDE.

Esta possibilidade de arbitragem entre a originação e a terminação de chamadas é particularmente importante quando as chamadas locais são gratuitas. Neste caso, se existir *um* encargo positivo para a entrega de chamadas em ambos os sentidos, o operador de longa distância pode obter a entrega de chamadas a um preço *negativo* através da interligação como operador local (*ou seja,* o operador de interligação é pago pela entrega de chamadas em vez de pagar por este serviço).

Suponhamos que uma empresa de longa distância necessita de acesso a um operador de rede local para efetuar um milhão de minutos de chamadas de longa distância. Por exemplo, a tarifa para a originação de chamadas é de 4 cêntimos e a tarifa para a terminação de chamadas em ambos os sentidos (*ou* seja, a tarifa para a troca de chamadas entre redes locais) é de 2 cêntimos. As chamadas locais são gratuitas (*ou* seja, não estão sujeitas a tarifas). Neste caso, se o operador de longa distância efetuar a chamada da forma tradicional, terá de pagar 400 000 dólares de encargos de originação de chamadas. No entanto, se a ligação for feita através de uma central local (subsidiária), os utilizadores finais pagam uma chamada local adicional (que é gratuita) e o operador da central local paga ao operador de longa distância 200 000 dólares para terminar a chamada. A diferença entre estas duas tarifas é de $600.000.

Se o preço da originação de chamadas bidireccionais (ou seja, o preço de retalho de uma chamada local menos o preço da terminação bidirecional) for inferior ao preço da originação de chamadas unidireccionais, os operadores são incentivados a evitar estes preços desviando ou reencaminhando o tráfego de originação de chamadas unidireccionais através de uma rede local, pagando efetivamente a taxa de originação bidirecional.

Nos Estados Unidos, a entidade reguladora foi obrigada a analisar esta possibilidade quando os operadores de longa distância começaram a oferecer chamadas de longa distância através de um operador local. Inicialmente, os clientes tinham de marcar um número local para acederem ao IXC, mas não tinham de pagar as taxas de estabelecimento de chamadas unidireccionais. A FCC proibiu rapidamente esta prática. A FCC decidiu que as taxas de acesso interestadual se aplicam às chamadas locais utilizadas para ligação a operadores interestaduais. Outro exemplo pode ser encontrado no Canadá, onde as operadoras sem fios, que normalmente pagam uma taxa por minuto às ILEC pela originação de chamadas, podem interligar-se com as ILEC numa base de faturação e manutenção, obtendo o estatuto de CLEC, o que essencialmente lhes dá a originação de chamadas gratuitamente.

Ligações entre a originação e a terminação de chamadas bidireccionais

Discutimos os problemas que podem surgir quando a entidade reguladora tenta distinguir entre tráfego unidirecional e bidirecional. Como veremos em seguida, apenas uma minoria dos países da OCDE tenta impor esta distinção na prática. Mas mesmo nos países que não distinguem entre tráfego unidirecional e bidirecional para efeitos de interligação, existe o potencial para uma distorção significativa da concorrência se as tarifas para a originação de chamadas em ambos os sentidos e para a terminação de chamadas em ambos os sentidos não forem idênticas. Existem diversos modelos para a interconexão de redes em ambos os sentidos. Uma das principais caraterísticas destes modelos é o pressuposto de que os assinantes individuais telefonam a todos os outros assinantes com a mesma probabilidade. Desde que os encargos por chamada sejam os mesmos em cada rede, as chamadas entre quaisquer duas redes são sempre igualadas, *independentemente da dimensão das duas redes*. Se este pressuposto for combinado com o pressuposto da reciprocidade (*ou seja*, que as tarifas da entrega de chamadas são as mesmas nos dois sentidos), a receita líquida da entrega de chamadas é sempre zero em equilíbrio.
Na prática, porém, nem todos os utilizadores finais das redes têm um comportamento equilibrado em termos de chamadas. Alguns utilizadores finais geram significativamente mais chamadas do que as que recebem.
Outros recebem muito mais chamadas do que as que geram.

Suponhamos, portanto, que clientes diferentes efectuam um número diferente de chamadas inter-redes de saída e de entrada. Deixando de lado os custos da prestação de serviços de telecomunicações (*ou seja*, assumindo que esses custos são fixos e independentes do volume de tráfego), a receita da originação de chamadas em ambos os sentidos é, como já foi referido, o preço de retalho ("*P*") de uma chamada menos a taxa de terminação ("*T*"). Por outro lado, como se presume que as taxas de terminação são recíprocas, as receitas provenientes da terminação de chamadas em ambos os sentidos correspondem à mesma taxa de terminação *T*. As receitas totais de um cliente dependem, por conseguinte, da quota relativa dos serviços de originação e terminação de chamadas para esse cliente e do rácio entre as receitas das chamadas efectuadas *P - T* e as receitas das chamadas recebidas *T*.

As receitas das chamadas efectuadas *P - T* só são superiores às receitas das chamadas recebidas *T* se o preço de retalho *P* for superior ao dobro da tarifa de terminação *T*. Assim, se a tarifa de terminação *T* for inferior a metade da tarifa de retalho *P* e ambas as tarifas forem estruturadas da mesma forma (*ou seja,* são tarifas por chamada ou por minuto), é evidente que os operadores de rede favorecerão os clientes que iniciam mais chamadas do que as que terminam. (Uma vez que *P - T* é maior do que *T*.) Neste caso, os operadores de rede procurarão ativamente os produtores de chamadas, como os operadores de telemarketing ou as empresas privadas de telefones públicos, e tenderão a evitar os fornecedores de chamadas, como as redes de chamada de pessoas ou os fornecedores de serviços Internet.

Se a taxa de terminação *T* for superior a metade da taxa de retalho *P*, verifica-se o contrário: os operadores de rede favorecerão os clientes que terminam mais chamadas do que as que iniciam (uma vez que *P - T* é inferior a *T*). Os operadores de rede evitarão os produtores de chamadas, como os operadores de telemarketing, e favorecerão os receptores de chamadas, como os FSI.

Este efeito é particularmente forte nos países com chamadas locais gratuitas. Nestes países, *P* é zero, pelo que a utilização de taxas de terminação positivas *T* cria sempre um forte incentivo para que as redes evitem os assinantes que iniciam mais chamadas ou chamadas mais longas do que as que terminam e recrutem ativamente assinantes que terminam mais chamadas ou chamadas mais longas do que as que iniciam.

Figura 8: Impacto dos encargos de originação e terminação de chamadas nos incentivos para chegar aos utilizadores finais

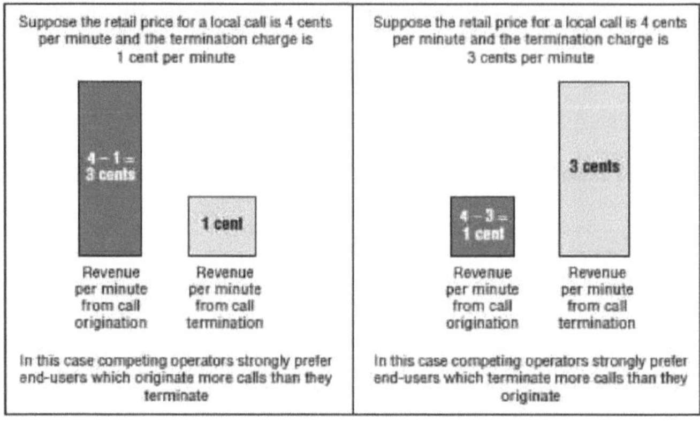

Fonte: OCDE.

Nos EUA, onde as chamadas locais podem ser efectuadas sem pagar uma taxa, este problema tornou-se crítico. A FCC escreve:

"Consideramos que esta situacËaÄ o eÂ particularmente grave no caso dos transportadores que entregam traÂ fego aos ISP, uma vez que estes clientes geram volumes extremamente elevados de traÂ fego que saÄ o inteiramente unidireccionais. De facto, a documentação disponível indica que as distorções de mercado acima referidas estão a ocorrer em relação a este tráfego. Por exemplo, os registos indicam que os operadores concorrenciais de redes locais de comutação (CLEC) *terminam*, em média, *dezoito vezes mais tráfego do que recebem*, o que resulta em pagamentos anuais de compensação aos CLEC de cerca de dois mil milhões de dólares, noventa por cento dos quais são atribuíveis ao tráfego IS Pbound. Além disso, o desequilíbrio de tráfego para alguns operadores concorrentes é muito maior, com alguns operadores a terminarem mais de quarenta vezes mais tráfego do que o que iniciam. Em princípio, não há nada de errado no facto de os operadores terem um desequilíbrio significativo no tráfego resultante de uma decisão comercial de visar determinados tipos de clientes. No entanto, neste caso, consideramos que tais decisões são motivadas por opções regulamentares que dissociam os custos das decisões de mercado dos utilizadores finais. Por exemplo, no âmbito do atual mecanismo de tarifação entre operadores, é concebível que um operador possa servir um ISP gratuitamente.

e recuperam a totalidade dos seus custos junto das empresas de origem. Esta situação conduz a uma distorção da concorrência, uma vez que um determinado tipo de serviço é subsidiado em detrimento de outros.

A concorrência entre os ILEC e os CLEC é, em certos aspectos, comparável ao método "eu corto, tu escolhes" de divisão de um bolo. O nível da taxa de terminação bidirecional determina a forma como a "tarte" total (as receitas das chamadas locais) é dividida entre os operadores de origem e de destino. Uma vez determinada esta taxa de terminação, os CLEC podem decidir quais os clientes que pretendem atingir. Naturalmente, optarão por

clientes que lhes proporcionem uma fatia maior do bolo. Se a taxa de terminação for mais elevada do que a taxa de originação, optarão por clientes que entregam mais chamadas do que as que iniciam, e *vice-versa.*
Em resumo, a estrutura e o nível das tarifas da terminação bidirecional têm pouco ou nenhum impacto na concorrência nas actividades dos utilizadores finais que têm um número equilibrado de chamadas inter-redes de entrada e de saída, em comparação com as tarifas de retalho. No entanto, para os utilizadores finais em que o número de chamadas de entrada e de saída é desequilibrado (os FSI são o melhor exemplo), a estrutura e o nível dos encargos da terminação de chamadas em ambos os sentidos têm um impacto significativo na concorrência. Em especial, quando os preços das chamadas locais são baixos em relação às tarifas de terminação, os operadores locais concorrentes têm uma vantagem na concorrência pelo negócio de encaminhamento de chamadas.
Este problema de distorção da concorrência só pode ser resolvido ajustando corretamente a estrutura e o nível relativos das tarifas de terminação e de retalho, em particular para os utilizadores finais que geram um desequilíbrio nos fluxos de chamadas. A tarifa de terminação deve ter a mesma estrutura e corresponder exatamente a metade da tarifa de retalho (excluindo os custos de originação e terminação), pelo menos para os utilizadores finais que geram um desequilíbrio nos fluxos de chamadas. Se a tarifa de retalho for demasiado baixa em relação à tarifa de terminação, o problema da distorção da concorrência pode ser resolvido quer aumentando a tarifa de retalho quer reduzindo a tarifa de terminação. Nos Estados Unidos, onde as chamadas locais não são tarifadas, o problema foi resolvido através da redução da taxa de terminação. Os Países Baixos, por outro lado, decidiram resolver o problema aumentando a tarifa de retalho.

A "cadeia de taxas de acesso"

Nesta secção, mostrámos uma série de ligações entre os vários encargos de originação e terminação de chamadas. Estamos agora em condições de combinar todas estas ligações numa cadeia, que designaremos por "cadeia dos encargos de acesso".

Esta cadeia é apresentada na Figura 9. Em primeiro lugar, a originação de chamadas bidireccionais e a terminação de chamadas unidireccionais podem ser harmonizadas para evitar a arbitragem regulamentar na originação de chamadas (ver (1) na Figura 9). Em segundo lugar, a originação de chamadas em ambos os sentidos e a terminação de chamadas em ambos os sentidos podem ser harmonizadas para evitar distorções da concorrência para os utilizadores finais com um desequilíbrio entre as chamadas efectuadas e recebidas (ver (2) na Figura 9).

Figura 9 "A cadeia de taxas de acesso"

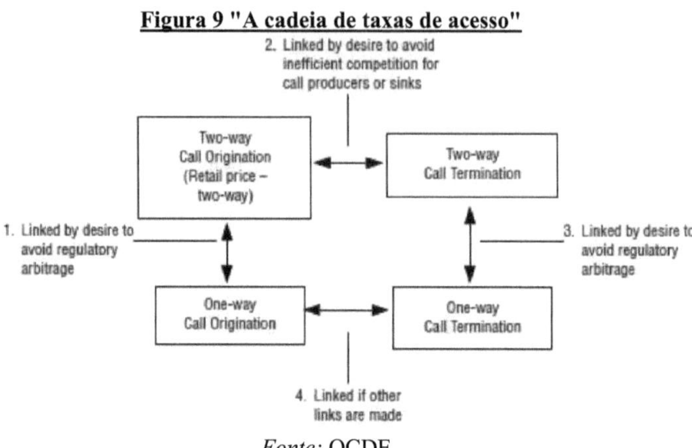

Fonte: OCDE.

Figura 9). Em terceiro lugar, a terminação de chamadas em ambos os sentidos e a terminação de chamadas num sentido podem ser igualadas, a fim de evitar a arbitragem regulamentar na terminação de chamadas (ver (3) na Figura 9). Por último, se todos os outros elos desta cadeia forem iguais, então, obviamente, a originação e a terminação de chamadas num sentido também devem ser iguais (ver (4) na Figura 9).
Se todos os elos da cadeia forem levados a sério, *as tarifas para a terminação unidirecional e bidirecional e para a originação de chamadas unidireccionais e bidireccionais devem ser as mesmas.* Além disso, se a reciprocidade se aplicar, todos estes encargos devem ser metade do preço de retalho de uma chamada local. Por outras palavras, se todos os elos da cadeia forem importantes, todos os encargos de acesso para todos os serviços vocais de um utilizador final estão ligados à estrutura e ao nível do preço de retalho de uma chamada local.Algumas implicações da cadeia de encargos de acesso devem ser sublinhadas: em primeiro lugar, a cadeia de encargos de acesso é incompatível com uma abordagem em que os encargos de acesso dependem da distância em que uma chamada foi transportada.

Os países que mantêm a cadeia de tarifas de acesso devem ter tarifas de acesso independentes da distância. Isto, por sua vez, resulta numa pressão para reduzir a dependência dos preços de retalho em relação à distância. De facto, há sinais claros de que as tarifas de retalho estão a tornar-se cada vez menos dependentes da distância. Por exemplo, todos os países escandinavos (Islândia, Noruega, Suécia e Dinamarca) já não fazem distinção entre chamadas locais e de longa distância.

- Em segundo lugar, a cadeia de tarifação do acesso não é compatível com uma estrutura diferente para as chamadas locais e de longa distância. Os países que mantêm a cadeia de tarifação devem manter a mesma estrutura de tarifação para todos os tipos de chamadas. Se as chamadas de longa distância são cobradas por minuto, o mesmo se deve aplicar às chamadas locais e *vice-versa*. Por outro lado, a cadeia de tarifação é compatível com diferentes taxas de acesso para diferentes utilizadores finais, desde que a relação entre as taxas de acesso e o preço de retalho das chamadas locais se mantenha para esses utilizadores finais.

• Em terceiro lugar, a cadeia de tarifas de acesso combinada com a reciprocidade significa que as tarifas locais de retalho devem ser duas vezes mais elevadas do que as tarifas de terminação. *Se as chamadas locais não forem tarifadas, então as taxas de terminação unidirecional e bidirecional e as taxas de originação unidirecional devem ser todas nulas* (ou seja, faturar e manter para todas as formas de interligação). A entidade reguladora dos EUA, a FCC, reconheceu os problemas acima descritos e está atualmente a analisar a possibilidade de alargar o princípio de bill-and-keep a todas as formas de interligação.11 Como mostra a Figura 10, em muitos países da UE as tarifas de retalho para as chamadas locais são cerca de duas vezes superiores às tarifas de terminação, tal como exigido por esta teoria. Na Alemanha e no Reino Unido, os encargos retalhistas são mais do dobro dos encargos de interligação de ida e volta, enquanto no Japão são significativamente inferiores ao dobro. A Alemanha ainda não dispõe de concorrência para as chamadas locais (esta será introduzida em 2002). Seria interessante verificar se existe mais concorrência no Reino Unido para os utilizadores finais, que efectuam mais chamadas do que as que terminam, e se existe mais concorrência para os pontos de receção de chamadas no Japão.

2.1. Preços de base para o estabelecimento de chamadas e a terminação de chamadas

Tendo analisado as razões pelas quais os países associam os diferentes preços teóricos de acesso, vejamos agora o que os países fazem na prática. Podemos dividir os países em duas grandes categorias: os que mantêm todos os elos da cadeia de preços de acesso e os que diferenciam os preços locais dos preços de longa distância.

Países que mantêm a cadeia de taxas de acesso

Um grande grupo de países optou por manter todos os elos da cadeia de preços do acesso. Estes países estabelecem uma taxa única de acesso, quer para a originação e terminação de chamadas para serviços unidireccionais (por exemplo, longa distância), quer para a terminação de chamadas para a interligação de redes bidireccionais.

Estas tarifas de acesso podem ser diferenciadas em função da hora do dia (ponta ou fora de ponta), do tipo de utilizador (empresa, cliente residencial) ou do número de elementos de rede utilizados, mas não em função do tipo de serviço de acesso (estabelecimento de ligação, terminação de ligação, unidirecional ou bidirecional).

Figura 10: Comparação da relação entre os preços de retalho e os encargos de interligação

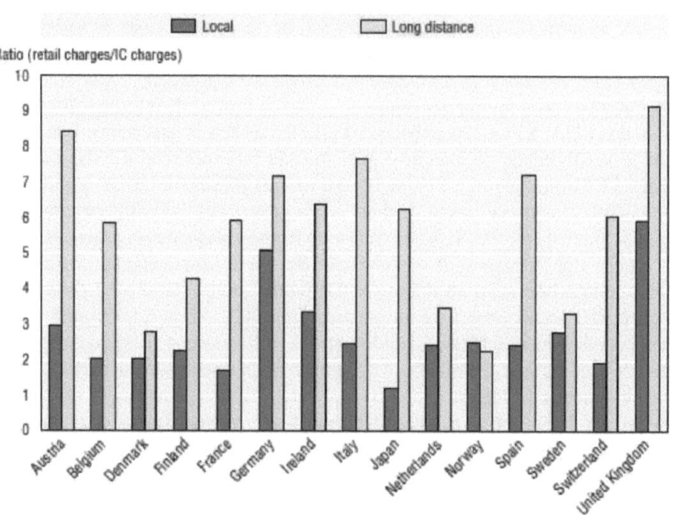

Os encargos de interconexão local são uma média ponderada de 80 % do encargo de 5 quilómetros e 20 % do encargo de 20 quilómetros.

Os encargos de interconexão para chamadas de longa distância são uma média ponderada, sendo utilizados 10% da tarifa de 5 quilómetros, 30% da tarifa de 20 quilómetros e 60% da tarifa de 50 quilómetros.

3. para as tarifas de retalho das chamadas interurbanas, em que a tarifa aplicável a uma chamada de 100 quilómetros é utilizada como substituto das chamadas interurbanas.
4. para as tarifas de retalho, utilizando os perfis de chamadas ao longo do dia, a fim de calcular a média das tarifas nos períodos de ponta e fora de ponta.
5. para os encargos do cliente final, incluindo os encargos de estabelecimento da chamada, pressupondo uma duração de chamada de 2,5 minutos, mas sem encargos mínimos de chamada.
6. para as despesas de venda a retalho, excluindo impostos e direitos.

Fonte: Ovum "Interconnect: Quarterly Update October 1999" e OCDE (2001a).

A maior parte dos países europeus está nesta categoria, incluindo os países da Europa de Leste, como a República Checa, a Polónia e a Hungria12 .

As tarifas medidas para as chamadas locais. Na maioria dos casos, o preço de retalho de uma chamada local é cerca de duas vezes superior à tarifa de acesso, como se pode ver na Figura 10.

A principal desvantagem desta abordagem é o facto de restringir significativamente o poder discricionário da autoridade reguladora na fixação das taxas de acesso individuais. A estrutura e o nível das tarifas de acesso devem ser os mesmos para uma vasta gama de serviços de acesso. A teoria sugere que dois serviços de retalho diferentes, com elasticidades de procura diferentes, devem também ter taxas de acesso diferentes. No entanto, este facto é excluído se a cadeia de taxas de acesso for mantida. Além disso, a teoria mostra que a concorrência obriga a que a estrutura e o nível dos preços de retalho reflictam a estrutura e o nível dos preços de acesso. A cadeia de tarifas de acesso obriga, por conseguinte, a que muitas tarifas de retalho diferentes tenham a mesma estrutura. A manutenção da cadeia de taxas de acesso corre, portanto, o risco de distorcer a concorrência ou de limitar a possibilidade de novas tarifas de retalho inovadoras ou eficientes. Como veremos nas secções seguintes do presente documento, os países que adoptaram esta abordagem enfrentaram problemas de concorrência interessantes quando foram introduzidas novas tarifas inovadoras. As respostas políticas têm sido a introdução de novas taxas de acesso específicas, a tolerância de estruturas tarifárias ineficientes, a tolerância de uma concorrência ineficiente ou, nalguns casos, o impedimento total da concorrência.

Na sua contribuição para este estudo, os Países Baixos reconhecem o espartilho imposto pela cadeia de taxas de acesso e defendem a necessidade de estabelecer taxas diferentes para a originação e a terminação de chamadas (unidireccionais). Os Países Baixos escrevem o seguinte:

"A Comissão chegou à conclusão de que deve ser adoptada uma abordagem diferenciada para a regulamentação das tarifas de acesso à terminação de chamadas e de acesso à rede de origem. ... [Esta abordagem diferenciada reconhece a natureza específica do acesso à terminação, permitindo simultaneamente que a regulamentação das tarifas seja influenciada pelo impacto das condições reais do mercado. ... No passado, as tarifas dos serviços de entrega e de terminação eram fixadas com base na abordagem dos custos diretos utilizada na altura. A diferença de tarifas entre os dois tipos de serviços deveu-se exclusivamente ao facto de a KPN ter incorrido em custos diretos para os serviços de entrega que só eram relevantes para estes serviços. Não foram tidas em conta as especificidades do serviço de entrega em comparação com os serviços de origem, nem o eventual impacto da evolução efectiva do mercado sobre a melhor forma de aplicar esta regulamentação tarifária.

A abordagem diferenciada foi aplicada pela primeira vez na decisão OPTA relativa às tarifas grossistas da KPN para o período de 1 de julho de 2001 a 1 de julho de 2002".

Países que distinguem entre acesso local e remoto

A segunda grande categoria que podemos distinguir é a dos países que diferenciam as chamadas locais das de longa distância em termos de taxas de acesso. Este grupo inclui países como o México, a Nova Zelândia, a Austrália, os EUA e o Canadá. Em todos estes países, as chamadas locais são gratuitas ou não têm qualquer custo. Como já foi referido, se todos os elos da cadeia de taxas de acesso se mantivessem, seria necessário fixar as taxas de originação e terminação de chamadas a zero ou a uma taxa zero, pelo menos para os utilizadores finais que fazem chamadas locais gratuitas.

Em vez de fixarem todas as taxas de acesso em zero, estes países optaram por diferenciar entre a terminação de chamadas unidireccionais e bidireccionais (quebrando as ligações (1) e (3) na Figura 10). Isto dá ao regulador mais flexibilidade, mas à custa de ter de decidir arbitrariamente que tráfego é considerado unidirecional ou bidirecional, e à custa de ter de fazer cumprir essas decisões.

O impacto destas decisões já foi salientado. Como já foi referido, os IXC e os operadores móveis nestes países procuraram encaminhar o seu tráfego de originação através dos CLEC, a fim de reduzir os encargos de originação. Além disso, os IXC queixaram-se da concorrência desleal do tráfego de telefonia IP, que pode ser ligado à tarifa de terminação mais baixa dos CLEC. Por último, a incompatibilidade entre as chamadas locais gratuitas e as tarifas de terminação por minuto conduziu a uma distorção significativa da concorrência para os ISP nos Estados Unidos e na Nova Zelândia, bem como a uma intervenção regulamentar nos Estados Unidos e na Austrália.

2.2. Mais informações sobre a estrutura das tarifas de estabelecimento e terminação de chamadas

Depois de termos introduzido o conceito de "cadeia de taxas de acesso", estamos agora em condições de analisar mais pormenorizadamente as abordagens dos países à regulação de determinados serviços de acesso. No entanto, antes de nos debruçarmos sobre este tema, gostaríamos de salientar algumas políticas conexas que influenciam a regulação das taxas de acesso.

Reciprocidade

O requisito de reciprocidade nas tarifas de terminação pode ajudar a equilibrar os incentivos para que as redes cheguem a acordo sobre uma tarifa de terminação comum. A reciprocidade também ajudará a resolver o problema do "monopólio da rede de entrega", discutido adiante.

Alguns países impõem uma obrigação recíproca. O Telecommunications Act dos Estados Unidos exige que todos os transportadores locais celebrem "acordos de compensação recíproca para o transporte e a prestação de serviços de telecomunicações".

Na maior parte dos outros países, não existe qualquer regulamento que preveja taxas recíprocas. Nos Países Baixos, sim:

"A obrigação de cobrar tarifas de terminação orientadas para os custos só se aplica à empresa regulamentada (KPN) e não a outras. Estas são livres de fixar o nível dos preços dos serviços de terminação dentro dos "limites do razoável". ... As empresas não regulamentadas dificilmente podem ser obrigadas a cobrar as mesmas taxas pelos seus serviços de entrega que a empresa regulamentada cobra pelos seus próprios serviços. A autoridade reguladora não estabeleceu quaisquer regras que exijam que os preços do acesso à terminação para o tráfego bidirecional sejam os mesmos."

No entanto, a maioria dos países considera que, na prática, os acordos de interligação recíproca do tráfego fixo são quase sempre celebrados com tarifas recíprocas. É interessante perguntar porque é que isto acontece. Se o operador histórico for autorizado a cobrar preços diferentes pelas chamadas para redes diferentes, uma explicação possível poderá ser que as redes concorrentes receiam que uma taxa de terminação mais elevada seja transferida para os utilizadores finais sob a forma de uma tarifa retalhista mais elevada para as chamadas para as suas redes. Inversamente, o operador histórico teria relutância em transferir taxas de terminação mais baixas para os seus utilizadores finais, porque isso tornaria as chamadas para a rede do novo operador mais atraentes. Esta questão é discutida mais pormenorizadamente na secção sobre os monopólios de terminação de rede. Quando a autoridade reguladora neerlandesa permitiu que a KPN diferenciasse as suas tarifas de retalho de acordo com o destino da rede final, os operadores de rede concorrentes decidiram baixar as suas tarifas de terminação para igualarem as da KPN. A Comissão Europeia manifestou recentemente a sua preocupação pelo facto de as tarifas de terminação para os novos operadores serem frequentemente fixadas com base na reciprocidade.

Acesso a preços máximos

O problema da fixação dos preços de um monopólio natural pode ser simplificado e tornado mais eficiente delegando a tarefa de fixar os preços individuais a uma empresa regulamentada, com um limite máximo para um cabaz de preços global. Ao conceder à empresa regulamentada um certo grau de discrição na fixação dos preços, esta pode utilizar toda a informação privada de que dispõe sobre a procura para fixar os preços de forma mais eficiente.

Embora nenhum país da OCDE tenha ainda optado pelo conceito de limites máximos de preços globais, quase todos os países da OCDE recorrem, de alguma forma, a limites máximos de preços para regular os preços ao utilizador final. Por outro lado, a utilização de preços máximos para controlar os preços de acesso é ainda muito rara. No momento da redação do presente relatório, apenas o Reino Unido (Oftel) utiliza sistematicamente os preços máximos como instrumento de regulação dos preços de acesso.

Estes limites máximos têm a forma habitual de "RPI-X". Por exemplo, o limite máximo para as tarifas de terminação de chamadas é RPI-10%. O limite máximo para o acesso à Internet a uma taxa fixa é de 7,5% do índice de preços no consumidor.

Preços baseados na capacidade

Nos sectores em que os custos de uma rede são essencialmente determinados pela capacidade da rede para transportar tráfego nas horas de ponta, faz muitas vezes sentido basear os preços de acesso na capacidade concedida aos concorrentes e não na utilização.

A fixação de preços com base na capacidade é um tipo de tarifa com várias partes, em que a parte fixa da tarifa é proporcional à capacidade a que o concorrente a jusante tem acesso. Com efeito, a instalação importante é partilhada entre muitas empresas concorrentes sem que uma destas empresas tenha de suportar a totalidade dos custos fixos de construção da instalação.

No sector das telecomunicações, a capacidade da rede constitui um importante fator de custo em grandes partes da rede. Os encargos baseados na capacidade, se puderem ser aplicados, afiguram-se, por conseguinte, uma abordagem lógica e eficiente para a fixação dos preços da interconexão. Ao longo do presente relatório, salientámos a forma como o desejo de promover a concorrência faz com que a estrutura das tarifas de retalho reflicta os preços de acesso e *vice-versa*. Uma das principais vantagens dos encargos baseados na capacidade é o facto de permitirem que as empresas concorrentes se libertem da estrutura tarifária do operador histórico.

Os regimes de tarifação baseados na capacidade foram ocasionalmente promovidos no sector das telecomunicações. A Mercury, um novo operador no Reino Unido, promoveu ativamente o debate sobre a tarifação baseada na capacidade em meados da década de 1990.

A Touche Ross (1994) refere que os acordos de interconexão entre a Teleport e a Nynex na área de Nova Iorque assumiam, nessa altura, a forma de uma taxa baseada na

capacidade.
Os sistemas de preços baseados na capacidade estão a tornar-se mais comuns. Como veremos mais adiante, muitos países introduziram alguma forma de tarifação baseada na capacidade para os serviços de terminação de chamadas na Internet. A Espanha também introduziu recentemente um sistema de interligação baseado na capacidade, a par das tradicionais taxas de acesso baseadas nos minutos. A Espanha declara: "Até agosto de 2001, os preços da interligação dependiam principalmente do volume de tráfego. Em agosto de 2001, foi introduzido um novo modelo complementar de preços de interligação baseado na capacidade, que entrará em vigor em 1 de novembro de 2001. Os operadores podem utilizar um ou ambos os sistemas. Espera-se que tal aumente a flexibilidade dos preços finais dos operadores e incentive um investimento eficiente. Neste novo sistema de preços baseado na capacidade, a entidade reguladora "determinará as unidades de capacidade mínima e a duração mínima do contrato de interligação, os serviços de interligação disponíveis e os preços mensais por unidade de capacidade elementar. Os direitos à capacidade e aos minutos de interligação são transaccionáveis".
Poderá haver mais movimentos nesta direção no futuro. A OCDE (2001a) observa que "os novos operadores são favoráveis à substituição dos actuais encargos de interligação baseados no minuto por encargos de interligação baseados na capacidade, que se relacionam com a capacidade das instalações utilizadas para fornecer o serviço terminal. No sistema de tarifação da interligação com base na capacidade, os novos operadores são facturados de acordo com a sua contribuição para o pico da procura na rede, o que, na realidade, determina a capacidade das redes".

Testes gerais contra discriminação ou pressão de preços

Embora esta não seja uma prática comum nos preços da originação e terminação de chamadas, alguns países utilizam uma abordagem "retail minus" para fixar os preços de acesso. Numa abordagem "retail minus", os preços de acesso são estabelecidos com base num desconto fixo em relação aos preços de retalho correspondentes. Com esta abordagem, tanto a estrutura como o nível dos preços de retalho são automaticamente reflectidos nos preços de acesso.

Mesmo que os preços de acesso não estejam diretamente ligados às tarifas de retalho, como é o caso da abordagem "retalho menos", continua a existir frequentemente uma forma de proteção contra uma "compressão das margens". Uma compressão das margens ocorre quando a margem entre os preços de retalho e os preços de acesso não é suficiente para permitir que um operador eficiente a jusante concorra. Uma regra de compressão das margens pode ser vista como um limite superior para os preços de acesso ou um limite inferior para os preços de retalho, dependendo dos preços que estão sob o controlo da empresa regulamentada.
No Canadá, por exemplo, a CRTC introduziu um teste conhecido como "teste de imputação" para proteger as companhias telefónicas estabelecidas de preços anticoncorrenciais. Quando uma companhia telefónica solicita a aprovação de novos preços regulamentados, deve apresentar um "teste de imputação" como parte do pedido. Essencialmente, este teste exige que a empresa de telecomunicações demonstre a viabilidade de cada um dos seus serviços de retalho, tendo em conta os factores de produção essenciais necessários para fornecer esses serviços ao mesmo preço a que são

vendidos aos concorrentes.
A autoridade reguladora neerlandesa OPTA também utiliza um "teste de compressão das margens". "Neste teste, os serviços de retalho oferecidos pela empresa regulada são avaliados como se a empresa regulada tivesse de comprar os serviços grossistas subjacentes nas mesmas condições que um operador de interligação... Estes preços de retalho numa base grossista são comparados com os preços de retalho reais utilizados ou propostos pela empresa regulamentada. Se os primeiros forem mais elevados do que os segundos, existe uma compressão das margens - uma situação para a qual é necessário encontrar uma solução".
Este teste mostrou que os operadores concorrentes não eram capazes de oferecer um serviço retalhista local concorrente com base nos serviços grossistas que tinham de comprar ao operador histórico. Os Países Baixos afirmam que o regulador está "a procurar formas de estabelecer uma ligação estrutural mais forte entre os preços de acesso e os preços de retalho, a fim de evitar possíveis efeitos anticoncorrenciais da atual relação entre as estruturas tarifárias de retalho e grossista das empresas reguladas".
A Irlanda está também a investigar uma compressão das margens e tratou de queixas sobre o acesso à Internet e as chamadas de longa distância a nível retalhista:
"Os participantes no mercado têm alegado repetidamente que a Eircom fixa certos preços de retalho e descontos a níveis que exercem pressão sobre os concorrentes orientados para os serviços. Os principais serviços em que estas questões foram levantadas são o acesso à Internet por linha telefónica 1891 e as chamadas nacionais ao fim de semana. Em cada caso, a ODTR concluiu que o preço cobrado pela Eircom
A Eircom excedeu os custos históricos totalmente alocados como representados pela taxa de interligação para outros operadores licenciados. No entanto, a ODTR implementou um processo interno de monitorização de preços para garantir que futuras alterações de preços ou descontos possam ser revistas prontamente."

3. estabelecimento de chamadas e terminação de chamadas para serviços vocais

A secção anterior apresentou os diferentes tipos de serviços de acesso e identificou algumas ligações entre os diferentes serviços. Passamos agora a serviços específicos para analisar mais pormenorizadamente a forma como estes serviços de acesso são regulamentados.
Nesta secção, centrar-nos-emos na configuração e terminação de chamadas para serviços de voz. Com base nas ligações entre os serviços unilaterais e bilaterais identificados na secção anterior, consideraremos estes serviços como um grupo. Nas secções seguintes, analisaremos a originação de chamadas para serviços Internet, a desagregação do lacete local e a terminação de chamadas em redes móveis. Começamos por identificar os serviços de originação e terminação de chamadas que devem ser regulamentados e o modo como os países abordam esta questão na prática. Em seguida, analisamos os preços destes serviços e comparamos a estrutura dos preços de acesso e dos preços finais.

3.1. *Quem é obrigado a estabelecer a ligação e a efetuar a chamada? Teoricamente*

O que é que a teoria diz sobre quais os serviços de originação e terminação de chamadas que devem ser fornecidos por quem? Esta questão é mais complexa do que pode parecer

à primeira vista. Esta complexidade reflecte-se na diversidade de práticas nos países da OCDE. Em geral, a originação e a terminação de chamadas de e para um determinado utilizador final devem ser obrigatórias se não houver uma concorrência efectiva e sustentável na oferta de serviços de linha de assinante de e para esse utilizador final.
Nas redes fixas, a concorrência efectiva no fornecimento de serviços de linha de assinante é mais a exceção do que a regra. A possibilidade de concorrência depende tanto da procura de cada cliente e de cada área geográfica, como das economias de escala e de gama ao servir a área geográfica. Na maioria das zonas geográficas, o âmbito da

A procura por parte de todos os utilizadores, com exceção dos maiores, não é, em geral, suficiente para ultrapassar as significativas economias de escala e de gama na oferta de linhas de assinante fixas. Mesmo que exista mais do que uma infraestrutura de rede fixa numa região, apenas os maiores utilizadores têm normalmente capacidade para manter duas ou mais linhas fixas simultâneas para redes diferentes.
Por outro lado, nalgumas zonas geográficas, em especial no centro das grandes cidades (conhecidas como Central Business Districts ou CBD), a procura é geralmente elevada em função das economias de escala e de gama. Alguns países têm regulamentos específicos para os loops locais nos CBDs. A Austrália, por exemplo, eliminou recentemente certas obrigações de acesso nos CBD.
É importante fazer a distinção entre o âmbito da concorrência na originação de chamadas e na terminação de chamadas. Já vimos que, em determinadas circunstâncias, mesmo redes muito pequenas podem ter um monopólio de facto na entrega de chamadas aos seus assinantes e podem explorar esse monopólio. O problema dos "monopólios de terminação de chamadas" surge quando estão reunidas todas as condições seguintes:

1. se não houver concorrência na entrega de chamadas a um determinado assinante.

Esta é a situação mais comum, uma vez que as economias de escala são mais importantes na terminação de chamadas do que na originação de chamadas. Um novo operador pode esperar roubar ao operador histórico uma parte da originação de chamadas dos clientes existentes. Se a quota do novo operador no total da originação de chamadas for suficientemente grande, poderá justificar a criação de uma linha de assinante concorrente. Se, por outro lado, o novo operador tiver apenas uma pequena quota de assinantes (por exemplo, cerca de 1%), só poderá esperar intercetar cerca de 1% do tráfego que chega a um determinado cliente, o que provavelmente não será suficiente para justificar a criação de uma linha de assinante concorrente;
2. se o autor da chamada suportar a totalidade do custo da chamada (ou seja, se for ele a pagar) (é o que acontece na maioria dos países da OCDE para todas as chamadas, exceto as chamadas gratuitas, as chamadas 0800 ou as chamadas com tarifa invertida);
3. se os utilizadores estiverem principalmente interessados no preço das chamadas que fazem e não nas chamadas que lhes são feitas (o que implica que os "grupos fechados de utilizadores" não são relevantes);

4. não for possível ou desejável impor a reciprocidade (ou seja, as tarifas de terminação devem ser as mesmas em todas as redes), e 5. se as tarifas de retalho de uma chamada de A para B não dependerem diretamente do nível das tarifas de terminação da rede B de destino.

Nestas condições, mesmo as redes de muito pequena dimensão têm capacidade e incentivo para aumentar as tarifas da terminação nas suas redes e poderão ter de ser regulamentadas. Esta questão é mais evidente no que respeita à terminação de chamadas nas redes móveis nos países em que o autor da chamada paga as chamadas para as redes móveis. Por conseguinte, esta questão é discutida mais detalhadamente na secção sobre terminação móvel. No entanto, a questão também se coloca na interligação das redes fixas. Por exemplo, o problema surgiu com a interconexão dos IXC e dos CLEC nos EUA.

"Outro grande problema é a monopolização do acesso. Este problema decorre do facto de um utilizador final normalmente só ser assinante de um LEC. Por conseguinte, os outros operadores que pretendem efetuar chamadas para esse utilizador final não têm outra opção senão comprar o acesso à terminação ao LEC do autor da chamada. Estes operadores de origem têm geralmente pouca capacidade prática para influenciar a escolha do fornecedor de acesso pela parte chamada. De facto ... alguns CLEC, cujas tarifas de acesso à terminação não estão regulamentadas, tiraram partido desta situação cobrando tarifas de acesso à terminação significativamente mais elevadas do que as cobradas pelos ILEC com tarifas regulamentadas ... Consideramos que, sem intervenção, os actuais litígios entre os CLEC e os IXC sobre o nível das taxas de acesso podem perturbar a interligação omnipresente que os consumidores esperam da RTPC. Como medida provisória, estamos a adotar um sistema de tarifação em que os CLEC podem apresentar tarifas para fixar os encargos de acesso apenas se estes forem iguais ou inferiores a um valor de referência. As tarifas superiores ao valor de referência não podem ser tarifadas. O objetivo da referência é "fazer convergir" as tarifas dos CLEC com as tarifas dos ILEC durante os três anos de vigência destas medidas provisórias.

Verificou-se uma situação semelhante nos Países Baixos. Neste caso, embora os acordos de interligação com a KPN se baseassem inicialmente em tarifas recíprocas, quando a entidade reguladora interveio e baixou as tarifas de terminação da KPN, as outras redes não seguiram o exemplo, o que ilustra a falta de pressão concorrencial para baixar essas tarifas. Como veremos adiante, muitos outros países consideram que não é necessário regulamentar as tarifas de terminação.

Taxas de terminação em redes "pequenas" (redes que apenas têm uma pequena proporção de ligações a utilizadores finais numa área geográfica).

Na prática

Como é que os países da OCDE determinam, na prática, quais os serviços que devem ser prestados por que empresas? Como veremos mais adiante, a maioria dos países da OCDE centra-se principalmente na identificação das *empresas* que devem prestar determinados serviços. Uma abordagem minoritária consiste em centrar-se no *serviço.*

Na UE, a abordagem do novo quadro regulamentar das telecomunicações (que entra em vigor em 25 de julho de 2003) consiste em concentrar o ónus da regulamentação nas empresas que detêm um poder de mercado significativo em determinados mercados. No âmbito do novo quadro regulamentar, as autoridades reguladoras nacionais devem definir os mercados relevantes de acordo com os princípios do direito da concorrência. (Para apoiar este processo, a Comissão emitiu orientações sobre a análise dos mercados e recomendou uma lista de mercados que podem ser objeto de regulamentação). Se uma autoridade reguladora nacional determinar que não existe concorrência efectiva num mercado relevante, é obrigada a identificar as empresas com poder de mercado significativo nesse mercado. O "poder de mercado significativo" é interpretado como o equivalente ao conceito de posição dominante no mercado ao abrigo da legislação da concorrência. A autoridade reguladora nacional pode impor obrigações regulamentares específicas adicionais (por exemplo, requisitos de transparência, não-discriminação, separação de contas, obrigações relativas ao acesso e à utilização de determinados recursos de rede, controlo de preços e obrigações de contabilização dos custos) às empresas que são classificadas como tendo poder de mercado significativo. No Japão, o acesso para a originação e terminação de chamadas deve ser concedido aos operadores cuja quota total de linhas de assinante em cada município ou prefeitura seja superior a 50% (apenas a NTT East e a NTT West são elegíveis). Na Coreia, a interligação deve ser fornecida por operadores cuja quota de mercado seja superior a 50%, cujas receitas excedam um montante especificado pelo Ministério da Regulamentação e que forneçam "recursos essenciais para que outros operadores prestem serviços de telecomunicações". Esta abordagem, que centra a regulamentação principalmente nas empresas com uma posição dominante ou "poder de mercado significativo", tem o potencial de concentrar a atenção nas empresas certas, desde que o mercado seja definido corretamente. Mas a prática de definir

a definição do mercado relevante com base, por exemplo, na quota de mercado da empresa na área geográfica em que a empresa está autorizada a operar ou na quota de mercado de uma empresa num município pode induzir em erro. Uma vez que os serviços de telecomunicações de ou para um determinado assinante não substituem os serviços de ou para outro assinante, a definição correta de mercado é o *mercado dos serviços de ou para um determinado cliente*. Uma empresa pode ser uma das muitas que competem pelo negócio de um determinado cliente e, por conseguinte, ter pouco ou nenhum poder de mercado, mas possuir a grande maioria dos assinantes numa região geográfica. Por outro lado, uma entidade pode ser o fornecedor exclusivo de serviços de linha de assinante a um determinado cliente e ter um monopólio de facto, embora possua apenas algumas linhas de assinante na região para a qual tem uma licença de exploração.

Na sua recente investigação sobre a concorrência no acesso telefónico à Internet, o Oftel concluiu que a BT detém uma posição dominante no mercado da originação de chamadas, possuindo 81% das linhas residenciais e 86% das linhas comerciais no mercado nacional. No entanto, o "mercado nacional de linhas de comutação" constitui quase certamente uma definição de mercado incorrecta. A BT pode não ter uma posição dominante no fornecimento de linhas de assinantes às empresas em determinadas áreas e é provável que detenha um monopólio de facto em certas outras áreas do Reino Unido.

Uma empresa que seja o fornecedor exclusivo de serviços de linha de assinante a um determinado cliente pode recusar o acesso de outros operadores de telecomunicações a esse cliente, independentemente de essa empresa ter ou não uma grande quota de assinantes na região em que está autorizada a operar. No Reino Unido, o Oftel classificou tanto a BT como a Kingston Communications como tendo um poder de mercado significativo.

A Kingston Communications é uma pequena empresa telefónica que presta serviços na região de Hull, em Inglaterra. O poder de mercado da Kingston na região de Hull alterar-se-ia com a simples alteração de uma condição da sua licença que lhe permite operar a nível nacional?

Agora que a regulamentação se centrou em empresas específicas, a questão continua a ser a de saber quais os serviços que essas empresas devem oferecer. A maior parte dos países exige, pelo menos, o acesso aos serviços necessários para a prestação de serviços de extremo a extremo e de conetividade de extremo a extremo. Alguns países vão mais longe e exigem o acesso a praticamente todos os serviços oferecidos pelo operador histórico. Na Irlanda, por exemplo, o operador histórico deve oferecer serviços grossistas em paralelo com os serviços retalhistas e não só,

Esta abordagem vai mais longe nos Estados Unidos, onde os ILEC devem oferecer não só o acesso à originação e terminação de chamadas, mas também o acesso a elementos individuais da rede ILEC. Além disso, os ILEC devem oferecer um serviço grossista que corresponda a todos os serviços retalhistas que oferecem.

Uma abordagem alternativa é a adoptada pela Austrália. A Austrália não se concentra nas empresas que devem oferecer determinados serviços, mas nos *serviços* que devem ser oferecidos (independentemente das empresas que os oferecem). Na Austrália, todas as empresas que fornecem serviços de originação e terminação da RTPC estão sujeitas à regulamentação desses serviços. A Austrália declara:

"Em geral, as declarações de serviço da ACCC não são específicas de uma empresa ou de um operador (ao contrário da política anterior a 1997 de regulamentação dos operadores dominantes, que se centrava no operador histórico Telstra). Por conseguinte, as obrigações de acesso por defeito aplicam-se a todas as empresas que prestam os serviços declarados através das suas próprias redes, exceto se estiverem isentas". Esta abordagem corre o risco de regulamentar desnecessariamente as empresas que oferecem os seus serviços num mercado verdadeiramente competitivo. No entanto, as empresas que não pretendem que as obrigações de acesso se apliquem aos seus serviços podem solicitar uma isenção à ACCC.

O sistema regulamentar dos EUA combina elementos de ambas as abordagens. Todas as empresas que fornecem *serviços* de originação ou *terminação* são obrigadas a interligar-se e a FCC tem autoridade para estabelecer os termos e condições em que os operadores fornecem esses serviços. Há também uma série de obrigações regulamentares adicionais para certas empresas - as empresas designadas pela entidade reguladora como "incumbent local exchange carriers" ("ILECs"). Estas empresas devem oferecer interconexão, elementos de rede desagregados e acesso para revender os seus serviços.

Note-se que as autoridades nacionais da concorrência podem desempenhar um papel na decisão de quem deve fornecer serviços de acesso a quem. No México, por exemplo, a autoridade da concorrência pode determinar quais as empresas que são dominantes no sector das telecomunicações ao abrigo da Lei das Telecomunicações. Assim que uma empresa é classificada como dominante, entram em vigor certas obrigações adicionais ao abrigo da Lei das Telecomunicações, por exemplo, disposições sobre o controlo dos preços. Também no Canadá, a

A CRTC tem o direito de se abster de regulamentar determinados mercados se tal for coerente com os objectivos gerais da Lei das Telecomunicações. Ao desenvolver os seus critérios para a aplicação da regulamentação ex ante, a "Comissão adoptou uma abordagem que reflecte em grande medida os testes de mercado recomendados pelo Gabinete da Concorrência".

3.2. A relação entre os preços iniciais e os preços finais

É preciso garantir que a estrutura dos preços finais se reflicta na estrutura dos preços de acesso e *vice-versa*. Este facto é ilustrado na Figura 11. Neste caso, analisamos as principais caraterísticas da estrutura dos preços finais e comparamo-las com a estrutura dos preços de acesso.

Figura 11: Comparação da estrutura das tarifas de acesso e de retalho em função de

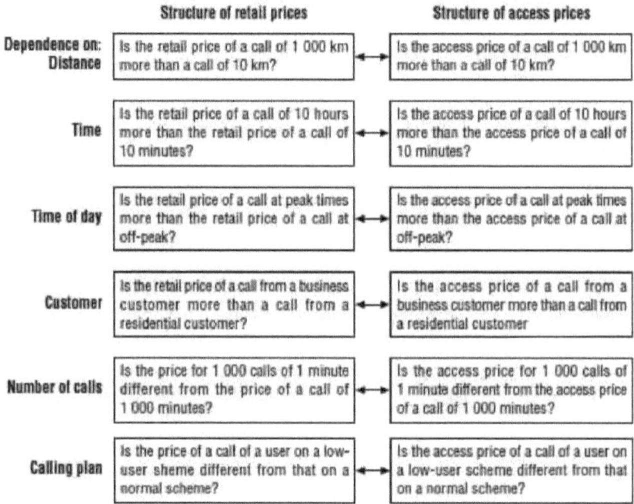

Fonte: OCDE.

Preços finais

Qual é a estrutura geral dos preços no consumidor final ou dos preços finais nos países da OCDE?

Em todos os países da OCDE, praticamente todas as tarifas fixas têm uma estrutura de duas partes, com uma taxa mensal fixa e uma taxa de utilização que depende de várias componentes da utilização (ou seja, uma taxa por chamada e/ou uma taxa por minuto).

Para as chamadas internacionais e de longa distância, a taxa de utilização é geralmente uma taxa por minuto, excluindo as taxas de estabelecimento de chamadas. Embora as chamadas interurbanas sejam predominantemente cobradas ao minuto, existe pelo menos alguma tendência para se desviar de um preço linear simples ao minuto para as chamadas interurbanas. Muitas empresas introduziram um limite máximo para o preço que pode ser cobrado por uma determinada chamada ou para o custo total das chamadas de longa distância por mês. A Telecom New Zealand, por exemplo, limitou o preço das chamadas de longa distância nacionais a $2. No âmbito do sistema Preferred Locations da Telecom New Zealand, os utilizadores podem pagar uma taxa mensal fixa por chamadas não tarifadas para um destino específico. No Canadá, a BellSouth e a Sprint oferecem um limite máximo de 17 dólares por mês para as chamadas de longa distância nacionais. A Telecom Italia oferece uma opção de tarifa com chamadas nacionais sem tarifa. A BT, que oferece chamadas locais com taxímetro, oferece chamadas locais fora de horas de ponta sem custos, para as quais é cobrada uma taxa fixa.

Estão constantemente a ser anunciados novos pacotes tarifários deste tipo. Em 16 de novembro de 2001, a France Telecom anunciou uma tarifa que permite aos utilizadores efetuar chamadas ilimitadas para três números fixos nacionais específicos (incluindo chamadas ilimitadas para certos fornecedores de Internet) por 3 euros por mês.

Em 4 de dezembro de 2001, a BT anunciou que os clientes podiam fazer chamadas gratuitas ilimitadas à noite e ao fim de semana para todos os números de telefone fixo nacionais e locais (juntamente com descontos nas chamadas locais, internacionais e de telefone fixo para telemóvel durante o dia) por uma taxa mensal fixa de pouco menos de 30 euros. Em abril de 2002, a WorldCom anunciou um novo serviço que inclui chamadas locais e interurbanas ilimitadas nos Estados Unidos por uma taxa mensal fixa de 50 a 60 dólares.

Para além desta tendência de abandono da dependência do tempo, há uma tendência ainda mais forte de abandono da dependência da distância. Em vários países da OCDE, já não há distinção entre chamadas locais e interurbanas - todas as chamadas nacionais são igualmente caras - ou, por outras palavras, a dimensão da rede local é o país inteiro. Isto aplica-se

na Islândia, Noruega, Suécia, Suíça, Dinamarca e Irlanda e é oferecido por alguns novos participantes no mercado no Reino Unido e em Itália.

Alguns operadores vão mais longe e cobram o mesmo preço pelas chamadas internacionais e pelas chamadas locais. Um dos novos operadores no Reino Unido, por exemplo, oferece um pacote em que as chamadas para o Reino Unido e para os Estados Unidos custam o mesmo - por outras palavras, uma chamada para a cidade vizinha custa o mesmo que uma chamada para Nova Iorque.

Existem diferentes práticas para as chamadas locais. A maioria dos países da OCDE tem um sistema de tarifas mínimas (ou tarifas "flag-fall") combinadas com tarifas por minuto para as chamadas locais. Na Austrália, existe uma tarifa de bandeira pura - as chamadas locais na rede da Telstra custam 22 cêntimos australianos, independentemente da duração da chamada. Noutros países, as chamadas locais são gratuitas (ou *seja*, não há cobrança por chamada ou por minuto - isto aplica-se aos EUA, Canadá, México44 e Nova Zelândia).

Em muitos países, os serviços de telecomunicações são cobrados a diferentes utilizadores finais a preços diferentes, quer porque são oferecidos preços diferentes a diferentes classes de consumidores (algumas empresas de telecomunicações estabelecem uma distinção entre clientes empresariais e residenciais), quer porque é oferecido à mesma classe de consumidores um menu de pacotes tarifários a partir do qual podem escolher o que melhor se adapta às suas necessidades (por exemplo, muitas empresas oferecem opções de "baixo utilizador" que permitem aos utilizadores finais escolher pacotes tarifários com uma taxa de base mais baixa e taxas de utilização mais elevadas). Se houver tarifas diferentes para clientes empresariais e residenciais, pode haver diferenças nas taxas mensais de aluguer, nas taxas de utilização ou em ambas. Apesar de os custos subjacentes variarem muito em função da densidade da rede (entre outros factores), a diferenciação geográfica dos preços de retalho é rara. O Canadá parece ser o único país da OCDE com uma diferenciação geográfica sistemática dos serviços de retalho. No Canadá, as linhas são classificadas em 7 grupos, de acordo com a densidade geográfica. O aluguer mensal de uma linha de assinante depende em grande medida da província canadiana em que o assinante está localizado e da zona geográfica em que a linha do assinante está localizada. Apesar da falta de diferenciação geográfica, é prática comum diferenciar os preços finais de acordo com a hora do dia ou da semana em que a chamada é efectuada. Regra geral, existem uma, duas ou três gamas de tarifas diferentes que correspondem às horas de ponta e às horas mortas.

Preços de acesso

Os preços de acesso estão estruturados de forma coerente com a estrutura de preços de retalho acima descrita?

No que respeita à dependência da distância, não temos conhecimento de nenhum país em que as tarifas de acesso dependam da distância percorrida por uma chamada antes de ser encaminhada para a rede terminal. Desde que as taxas de acesso não dependam da distância, a concorrência constitui um forte incentivo para eliminar a componente de distância das taxas cobradas ao utilizador final (uma vez que o custo marginal do fornecimento de uma chamada de longa distância é, em grande medida, independente da distância percorrida). Por outras palavras, a ausência de encargos de acesso baseados na distância poderá ser um dos principais factores subjacentes ao afastamento significativo dos encargos retalhistas baseados na distância. No que respeita à dependência do tempo, a maioria das chamadas interurbanas e internacionais continua a ser cobrada aos utilizadores finais ao minuto. Isto está de acordo com a prática praticamente omnipresente da faturação ao minuto para as chamadas interurbanas. Todos os países da OCDE (com a exceção parcial da Espanha) cobram taxas de acesso ao minuto para as chamadas de longa distância, e a introdução de preços de retalho nivelados ou não nivelados para as chamadas de longa distância quebra esta simetria entre a estrutura das taxas de acesso e de retalho para as chamadas de longa distância. Este facto deu origem a preocupações em matéria de concorrência. Em meados da década de 1990, por exemplo, a Telecom New Zealand cobrava ao seu concorrente Clear cerca de 2 cêntimos (NZ) por minuto pela interligação de longa distância. Em resposta, a Telecom introduziu uma nova tarifa de retalho que limitava as chamadas de longa distância fora de horas de ponta a 5 dólares neozelandeses, independentemente da duração da chamada. Esta nova estrutura tarifária foi bem recebida pelos clientes, mas levou a queixas da Clear de que os encargos de interconexão para chamadas superiores a duas horas excediam as receitas que a Clear poderia obter com a chamada. "A AAPT alegou que estava a oferecer um produto concorrente do produto STD com um limite máximo de 3 dólares oferecido pela Telstra, tendo perdas devido à estrutura dos preços de interligação da Telstra cobrados à AAPT. A AAPT alegou que a tarifa limitada da Telstra e a disparidade entre as tarifas grossistas e retalhistas de pico e fora de pico exerciam pressão sobre os preços dos seus concorrentes e impediam a AAPT de concorrer eficazmente no mercado retalhista dos serviços nacionais de longa distância. O ACCC
concluiu que o comportamento da Telstra não infringiu a regra da concorrência". No que se refere à dependência da identidade do utilizador final, tal como acima referido, alguns países da OCDE estabelecem uma distinção entre os preços do utilizador final para os clientes comerciais e residenciais. Além disso, muitos países da OCDE oferecem opções tarifárias que permitem aos utilizadores finais escolher o cabaz tarifário da sua preferência. Em contrapartida, é raro que as tarifas de originação e terminação de

chamadas dependam da identidade do cliente servido. Se os preços de acesso não forem diferenciados de acordo com a identidade do utilizador final, o âmbito da concorrência para certos utilizadores pode ser restringido e a capacidade do operador histórico para oferecer estruturas tarifárias eficientes pode ser prejudicada.
Considere-se o seguinte exemplo. Suponha-se que um fornecedor rival de linhas de assinante quer concorrer com o operador histórico oferecendo uma escolha de tarifas aos seus clientes - uma tarifa, destinada aos utilizadores pouco frequentes, tem uma taxa mensal básica mais baixa e uma taxa mais elevada por chamada, a outra tarifa, destinada aos utilizadores mais frequentes, tem uma taxa mensal básica mais elevada e uma taxa baixa ou nula por chamada. Oferecer um menu de opções de chamadas desta forma é economicamente eficiente - pode atrair utilizadores pouco frequentes para a rede (aumentando a penetração), ao mesmo tempo que oferece tarifas mais eficientes para os utilizadores frequentes. O principal problema é que as tarifas de acesso normalizadas prejudicam a capacidade do operador histórico de aumentar as suas tarifas de utilização para um determinado grupo de clientes. Como referem Laffont e Tirole, "a fixação de preços uniformes priva o operador histórico da capacidade de oferecer um menu eficiente de tarifas adaptadas às necessidades da sua clientela". Se as empresas de longa distância puderem competir por todos os clientes, independentemente da tarifa que escolherem, e se as taxas de acesso forem independentes da tarifa escolhida, a concorrência fará baixar o preço das chamadas, eliminando assim a contribuição das taxas de utilização para o custo fixo de servir esse cliente. As tarifas de acesso uniformes e a concorrência são incompatíveis com as tarifas para as pessoas com poucas chamadas. A manutenção de tarifas de acesso uniformes implica a supressão da tarifa para os utilizadores pouco frequentes ou a limitação da concorrência para estes utilizadores.
Alguns países reconheceram este problema e optaram por resolvê-lo não permitindo que os preços de acesso variem em função da identidade do utilizador final, mas restringindo a concorrência. O Reino Unido, os Países Baixos e a França optaram por restringir a concorrência, impedindo os clientes que optaram por um sistema de "utilizador ligeiro" de escolherem o seu fornecedor de longa distância. É importante distinguir aqui entre
Diferenciação dos preços de acesso de acordo com a identidade do utilizador final (ou consumidor final) e diferenciação dos preços de acesso de acordo com a identidade do requerente do acesso (ou *seja,* o concorrente ou a empresa rival). Nos contributos para este relatório, muitos países argumentaram que a diferenciação dos preços de acesso em função da identidade do requerente do acesso é suscetível de discriminação anticoncorrencial e está explicitamente excluída pela legislação anti-discriminação. Os Países Baixos afirmam que "a empresa regulada não é livre de diferenciar as suas tarifas de terminação de acordo com a sua opinião sobre possíveis diferenças nos casos comerciais dos requerentes de acesso". A Áustria argumenta que as tarifas de acesso bipartidas "significariam que os operadores seriam discriminados de acordo com o seu comportamento nas tarifas de interligação - os operadores mais pequenos pagariam potencialmente encargos mais elevados do que os maiores, o que conduziria a elevados obstáculos ao mercado para os novos operadores". É, pelo menos teoricamente, possível que os preços de acesso dependam da identidade do cliente final. Desde que os mesmos preços de acesso se apliquem a todas as empresas que servem um determinado cliente, os preços de acesso para clientes individuais podem ser diferentes sem afetar as condições de concorrência - a discriminação não é possível. Por exemplo, as tarifas de acesso para fornecer um serviço de longa distância a um cliente podem consistir numa tarifa fixa de 3 dólares por mês e numa tarifa de utilização de 0,01 cêntimos por minuto. Um requerente

de acesso com 100 clientes deste tipo pagaria uma taxa de 300 dólares por mês. Uma vez que estes custos aumentam linearmente com o número de clientes, não há discriminação contra os pequenos operadores e, no que respeita à diferenciação geográfica, a maior parte dos países tem preços médios geográficos, como já foi referido. Assim, a maioria dos países optou por uma média geográfica das tarifas de originação e terminação de chamadas, com exceção da Austrália, que diferencia os preços de acesso de acordo com a localização geográfica. As tarifas de originação e terminação de chamadas estão divididas em quatro zonas: CBD, metropolitana, provincial e rural/remota. As tarifas de acesso são mais baixas na zona CBD do que na zona rural/remota, reflectindo a maior densidade da rede. Esta abordagem reduz o incentivo à duplicação ineficaz da rede nas zonas de baixo custo, mas corre o risco de os novos operadores se concentrarem nos clientes das zonas de baixo custo e negligenciarem o acesso às zonas rurais. Em termos de diferenciação horária, na maioria dos países, os preços da originação e terminação de chamadas são diferenciados para refletir a variação dos preços de retalho entre as horas de ponta e as horas mortas. Os Países Baixos observam que as tarifas de acesso para a terminação de chamadas são diferenciadas entre três períodos de tempo diferentes, que são escolhidos para serem idênticos aos utilizados pela empresa regulamentada na sua oferta de retalho "para evitar efeitos de compressão dos preços". No entanto, este não é o caso em todos os países. Na Austrália, no Canadá e no México, por exemplo, não há distinção entre os preços de pico e fora de pico para a originação e terminação de chamadas, embora haja diferenças nos preços de retalho. Nestes países, existe o risco de os novos operadores se concentrarem nos utilizadores finais que fazem a maior parte das suas chamadas nas horas de ponta. Como a componente de transporte das chamadas locais é limitada, nem todos os países da OCDE permitem ou incentivam esta forma de concorrência. Como sempre, tanto o nível como a estrutura dos preços de acesso em relação aos preços de retalho são importantes: Como já foi referido, as chamadas locais gratuitas estão disponíveis numa série de países da OCDE. As chamadas locais gratuitas são incompatíveis, tanto em termos de nível como de estrutura, com as tarifas de originação e terminação de chamadas, que são facturadas por minuto. Este conflito pode ser resolvido quer ajustando as tarifas de acesso, quer as tarifas de retalho, quer restringindo a concorrência. A maioria dos países onde as chamadas locais são gratuitas (EUA, Canadá, México e Nova Zelândia) resolve este problema restringindo a concorrência - nestes países, não há concorrência chamada a chamada nas chamadas locais fixas para os utilizadores finais com chamadas locais gratuitas. A Austrália, por outro lado, que cobra uma taxa por chamada para as chamadas locais, resolve o problema introduzindo taxas de acesso especiais para as chamadas locais. Em vez de cobrar taxas por minuto (sobretaxas) para o estabelecimento e a terminação de chamadas, a Austrália utiliza um conceito de retalho-menos para as chamadas locais, em que os preços de acesso são fixados por chamada. Esta abordagem retalhista-menos mantém uma relação estreita entre os preços de retalho e os preços de acesso. Como os preços das chamadas locais na Austrália não são diferenciados geograficamente ou por horas de ponta e horas mortas, mas dependem da identidade do cliente (empresarial ou residencial), a abordagem retalho-menos garante que esta estrutura também se reflecte nos preços de acesso.

Na maior parte dos países da OCDE, as chamadas locais são contadas e as taxas de acesso são cobradas por minuto, pelo que a estrutura dos preços de retalho das chamadas locais corresponde à estrutura das taxas de acesso. O principal problema aqui não é tanto a estrutura das tarifas de acesso e de retalho, mas o nível relativo. O problema é que a entidade reguladora, num esforço para evitar a distorção da concorrência entre os originadores ou sumidouros de chamadas, fixa a taxa de terminação em cerca de metade da taxa de retalho, o que não deixa qualquer margem de manobra para as empresas concorrentes que oferecem serviços de chamadas locais. O resultado é que as tarifas de originação e terminação de chamadas são demasiado elevadas para permitir a concorrência local em todos os países, exceto nalguns.

Capítulo 3: A economia do cabo e do satélite em França

1 INTRODUÇÃO

O presente capítulo apresenta **uma panorâmica do sector da televisão por cabo e por satélite em França.**

2 . CABO NO MERCADO FRANCÊS DO AUDIOVISUAL E DAS TELECOMUNICAÇÕES

Dos 23,5 milhões de lares franceses equipados com televisão, **quase 10 milhões são assinantes de um serviço de televisão por assinatura, o que representa pouco mais de 42% do total.** Este mercado é composto por **três grandes segmentos: Assinantes de cabo, satélite e rádio analógica do Canal +.** O Canal + é também o primeiro operador com mais de 3 milhões de assinantes individuais de rádio, muito à frente do CanalSatélite (2,1 milhões de assinantes), do GST (1,1 milhões), ou dos operadores de cabo, certamente com 3,5 milhões de assinantes, mas o mais importante, Noos, tem pouco mais de um milhão de assinantes. No entanto, a lembrança da importância do histórico canal de rádio premium não deve obscurecer o **forte crescimento do satélite** que fecha as taxas de penetração combinadas de duas plataformas de satélite TPS e Canal satélite aos operadores de cabo, ainda aparecia dez anos antes da digitalização do satélite iniciada em 1996 (ver gráfico). Em 31 de dezembro de 2001, **as redes dos operadores de cabo em França continham 11,5 milhões de tomadas a prazo (ou potenciais) e 8,5 milhões de dólares de capturas comercializáveis**, favorecendo as zonas naturais demasiado densamente povoadas. Atualmente, 37% dos agregados familiares estão já fisicamente ligados a uma rede com fios e prevê-se que cerca de 50% estejam ligados quando a construção de todas as redes estiver concluída.**Os operadores de cabo registam** pouco mais de **3,4 milhões de famílias como assinantes do serviço por cabo**, ou seja, cerca de 13% do total das famílias francesas e 40% das famílias fisicamente ligadas a uma rede por cabo. Esta quota inclui uma **forte minoria de assinantes "aéreos"** (cerca de um milhão de agregados familiares), ou seja, agregados familiares para os quais o cabo serve apenas para transportar micro-ondas em cadeia, por vezes complementado com sinais de canais locais. Além disso, no final de 2001, a receção de **serviços de televisão digital**, incluindo a comercialização iniciada em dezembro de 1996, diz respeito **apenas** a **20% dos agregados familiares** que subscrevem o cabo.Se as ligações PSTN de baixo débito continuam a ser maioritárias em França, as assinaturas de acesso à Internet por cabo ou ADSL têm vindo a aumentar, sobretudo desde o final de 2001. A tecnologia ADSL, introduzida no final de 1999 e que permite uma maior cobertura da população, tem vindo a ganhar terreno rapidamente: **Em 30 de junho de 2002, o acesso à Internet por cabo contava com 233 579 assinantes, ao passo que a ADSL atingia, nessa data, 650 421 assinaturas individuais (ou seja, 73,5% da quota de mercado); o objetivo de um milhão de assinantes ADSL foi atingido no final de 2002**O mercado francês do cabo conta com cerca de cinquenta operadores. Estes incluem **quatro grandes fornecedores nacionais** que estão representados em várias regiões e **cobrem as 20 maiores cidades francesas.** Estes quatro operadores representam **mais de 92% do** volume de cabo **comercializável** em França e **quase 90% dos assinantes** (todos os serviços) em 30 de junho de 2002. Em termos de cobertura de rede e de assinantes, a Noos é o primeiro operador francês de redes por cabo.

Market shares of cable operators by activity segment							
To June 30, 2002	**Absolute value**	**Noos**	**FT Cable**	**NC Numéricable**	**UPC France**	**Other**	**Total**
Marketable catch	8 687 822	33%	18%	26%	15%	8%	100%
Subscribe all services	3 545 166	30%	24%	21%	15%	10%	100%
TV subscribers	3 403 659	30%	24%	22%	13%	10%	100%
Digital Subscriber	741 561	54%	19%	24%	1%	2%	100%
Internet subscribers	233 579	55%	20%	10%	8%	7%	100%
Subscribers telephone	58 434	3%	0%	0%	97%	0%	100%

Fontes: AFORM, operador

As vendas de televisão por cabo ascenderam a 692,9 milhões de euros em 2001. Desde 1998, foi largamente ultrapassado pelas vendas de televisão por satélite, que ascenderam a 1 142,3 milhões de euros em 2001. Esta diferença deve-se principalmente ao facto de não existir um equivalente satélite para servir a antena de cabo.

Evolution of the turnover of the french cable operators					
(in millions of euros)	**1998**	**1999**	**2000**	**2001**	**2001/2000**
Noos	136.2	185.6	201.0	227.9	+ 13.4%
France Telecom Cable	173.8	175.0	164.0	172.0	+ 4.9%
NC Numéricable	119.7	126.8	136.0	141.0	+ 3.7%
UPC France	3.7	29.1	71.6	93.7	+ 30.8%
EST Videocommunication	ND	22.7	26.4	30.6	+ 15.8%
Other (estimate)	27.3	32.9	34.8	27.7	20.4%
Total	**460,6**	**572,1**	**633.8**	**692.9**	**+ 9.3%**

Fonte: Operador

O cabo representa apenas 2% do volume de negócios do sector das telecomunicações em França. Em comparação com o volume de negócios de outras actividades audiovisuais, **a economia do cabo continua a ser relativamente pequena**:

3 .7% do volume de negócios total do sector audiovisual;

3 .9% das vendas totais no mercado da televisão (cabo, satélite, terrestre) programas de televisão, canais locais e temáticos).

Por conseguinte, os operadores de redes por cabo **não** estão **em condições de influenciar o desenvolvimento da oferta de programas nas cadeias nem** de **participar no**

concurso para a aquisição de direitos audiovisuais exclusivos para o desporto e o cinema.

3O CABO NA EUROPA E NOS ESTADOS UNIDOS

A análise das condições de exploração do cabo noutros países permite ter uma ideia da situação do cabo em França. Apesar das **diferentes situações nacionais, todos os operadores de cabo foram objeto das mesmas tendências fundamentais nos últimos anos: A digitalização** das redes, a introdução de **novas aplicações** e **o aumento da concorrência** de outras tecnologias (satélite, televisão digital terrestre e ADSL).
Podem distinguir-se dois modelos principais de organização do mercado: um em que o cabo surge como o principal vetor de transmissão de conteúdos televisivos (caso dos mercados com uma elevada taxa de penetração) e outro em que o cabo é apenas uma tecnologia secundária, ou mesmo marginal, em comparação com as alternativas disponíveis no mercado.

in December 2001	Belgium	United States	Germany	Sweden
Share of households connected to cable	97.8%	93.5%	84.6%	80.0%
Share of households subscribing to cable	96.5%	69.0%	66.7%	69.9%
Number of subscribers to the cable	3 680 000	72 958 180	22 100 000	2 490 000
Trade penetration	98.7%	73.8%	78.8%	87.4%
in December 2001	**United Kingdom**	**France**	**Spain**	**Italy**
Share of households connected to cable	52.8%	35.2%	16.7%	7.1%
Share of households subscribing to cable	15.3%	14.0%	4.0%	0.8%
Number of subscribers to the cable	3 770 000	3 375 209	480 000	170 000
Trade penetration	29.0%	39.7%	24.0%	11.7%

Fontes: NCTA, ITC, Piepser.

Com exceção do Reino Unido, que constitui um caso especial, **os países em que o cabo tem a maior penetração nos lares são também aqueles em que o nível de cobertura da infraestrutura é mais elevado.** Estes mercados caracterizam-se por uma penetração comercial do cabo superior a 50% da população conectável, no conjunto de todas as actividades. É o mercado do cabo nos **Estados Unidos**, e na Europa, o da **Alemanha**, **Bélgica**, **Países Baixos** e **Suécia** (entre outros). Nos Estados Unidos, o cabo representa a maioria dos receptores de televisão, com cerca de 73 milhões de assinantes no final de 2001 (mais de dois terços dos lares americanos). O cabo americano gera receitas anuais de 43,66 mil milhões de dólares, o que faz dos Estados Unidos, de longe, o primeiro mercado mundial do cabo.

A análise dos mercados estrangeiros, onde o cabo conheceu o seu maior desenvolvimento, permite destacar uma série de **caraterísticas que favorecem a rentabilidade dos operadores:**

- **A idade de introdução do cabo.** Os países em que o cabo tem a taxa de penetração mais elevada são aqueles em que os operadores de cabo comercializam os seus serviços há muito tempo. O cabo foi introduzido quando as tecnologias de distribuição alternativas, como o satélite, estavam ainda pouco desenvolvidas. Oferecia frequentemente uma melhor receção através da rede. **A imunização gradual contra o desenvolvimento da concorrência** permitiu que os operadores de cabo **amortizassem os seus investimentos em infra-estruturas sem incorrerem em dívidas excessivas.** Em contrapartida, a **introdução tardia do cabo não pode ser justificada no contexto de uma desregulamentação já avançada**: Em Itália, os projectos de cabo dos anos 90 foram rapidamente abandonados quando se tornou evidente que seria mais eficaz substituir o cabo por satélite.
- A construção da rede exige **investimentos consideráveis que não podem** ser **convertidos em receitas a longo prazo.** Vários factores intervêm na determinação dos custos das infra-estruturas: o âmbito da implantação da rede, a **escolha da tecnologia utilizada** (HFC, RC2, VHF...) e as **condições de instalação dos cabos** (cabo subterrâneo em França ou cabo aéreo nos Estados Unidos). A repartição dos trabalhos no tempo, dando prioridade às zonas mais densamente povoadas, é também um fator a ter em conta.
- **O sistema de partilha de receitas entre distribuidores e editores de programas, que varia de país para país,** é igualmente importante para a economia do cabo. Nos Estados Unidos, a taxa de penetração do cabo é tão elevada que os operadores podem por vezes exigir o pagamento de uma taxa de licença aos próprios organismos de radiodifusão (televisiva), que pagam o serviço básico ou o serviço básico alargado. Por outro lado, a organização do mercado do cabo noutros países gera receitas para os operadores privados no âmbito da sua estratégia de distribuição de conteúdos: Enquanto nos Estados Unidos os operadores recebem uma parte das receitas provenientes das assinaturas domésticas e de outros montantes pagos pelos canais, os operadores europeus de cabo pagam aos seus fornecedores taxas de licença substanciais pela retransmissão de conteúdos. Na **Alemanha,** por exemplo, os assinantes pagam uma taxa fixa aos operadores de cabo, à qual é acrescentada uma taxa de retransmissão de conteúdos. **O operador de cabo não é, portanto, remunerado pela prestação de serviços, o que explica a baixa receita média por utilizador.** As obrigações de retransmissão obrigam igualmente os operadores de cabo a distribuir gratuitamente os programas audiovisuais de base. **Os operadores que operam em mercados em que a oferta de programas está altamente concentrada nas** mãos de um operador poderoso, como a BskyB no Reino Unido, **têm interesse em desenvolver serviços não televisivos.** Operadores como a NTL e a Telewest vêem, por conseguinte, **o dans phone como a única forma de se diferenciarem estrategicamente** no seu mercado de referência (44% e 69% dos seus assinantes, respetivamente, são assinantes de mais de um serviço).

Em quase todos os mercados europeus, **os operadores de redes por cabo estão em concorrência com as plataformas de televisão digital por satélite** e, por vezes, também

com a televisão digital terrestre. A qualidade do serviço, a variedade dos conteúdos e os preços praticados são frequentemente muito atractivos: limitam a margem de manobra dos operadores de cabo em termos de tarifas e aumentam o custo de aquisição dos programas, que estes devem suportar para se manterem competitivos. **Assim,** em menos de dez anos, **o satélite** impôs-se **e dominou o mercado da televisão em certos territórios como a Inglaterra (BskyB em 1990), a Itália (Telepiù em 1996) e a Espanha (Canal Satellite Digital e Via Digital em 1997)**. Independentemente da maturidade dos diferentes mercados, a introdução de aplicações interactivas por cabo teve obviamente um impacto muito forte nos balanços dos operadores. A **transição para o digital** exige que os operadores de redes por cabo
Os operadores fizeram **investimentos significativos na** expansão da **infraestrutura de rede** e **no fornecimento de descodificadores** para facilitar a transição para os agregados familiares. Atualmente, porém, a procura de serviços digitais diz respeito principalmente ao acesso a serviços de Internet de elevado débito, enquanto os serviços digitais não são de interesse crucial para os agregados familiares. **O equilíbrio económico que alguns conseguiram gradualmente alcançar numa simples atividade analógica por cabo foi perturbado pelos investimentos relacionados com o lançamento de novos serviços** e o seu restabelecimento exige um importante trabalho de adaptação por parte dos operadores. Outro elemento que teve um impacto negativo no desenvolvimento do cabo foi a queda geral das cotações das acções, que afectou particularmente os operadores, uma vez que a confiança dos investidores foi afetada pelas suas dificuldades financeiras e pela baixa rentabilidade do sector. O desconto foi exacerbado **pela deflação da bolha** em torno das acções das tecnologias da informação e da comunicação. **A queda dos preços contribuiu para o financiamento dos investimentos e da dívida**. Acima de tudo, está a atrasar os projectos de aumento de capital e de consolidação através de resgates de operadores e está mesmo a atrasar a perspetiva de uma reestruturação dos mercados americano e europeu.

4 AS CONDIÇÕES DE FUNCIONAMENTO DO CABO EM FRANÇA: DESVANTAGENS HISTÓRICAS E PROBLEMAS ECONÓMICOS

4.1 A construção histórica das condições das redes por cabo em França

A decisão de desenvolver o cabo em França foi tomada no início dos anos 80 sob os auspícios da Direção Geral das Telecomunicações do Ministério dos PTT. **O plano de cabo previa a cablagem, em dez anos, de 52 das principais cidades francesas**, com o objetivo de interpelar 10 milhões de tomadas, tudo isto por um **preço estimado em 20 mil milhões de francos da época** (mais de 3 mil milhões de euros).

A paisagem audiovisual francesa mudou completamente nos dez anos que decorreram entre 1982 e 1992. O lançamento do plano de cabo em 1982 coincidiu com o anúncio da criação de um quarto canal pago terrestre e com a entrada em funcionamento das primeiras fracções

da sua rede de cabo, alguns meses após o início da difusão do quinto e sexto canais terrestres: **o desejo do público de uma maior variedade de programas foi assim amplamente satisfeito sem qualquer investimento em tecnologia, enquanto o cabo, nos seus primeiros anos, era uma tecnologia sem programas.**

Os proponentes do plano de cabo **optaram também por redes de fibra ótica muito ambiciosas, que deveriam transmitir aplicações interactivas** para as quais não existiam, na altura do projeto, terminais de receção adequados. O voluntarismo tecnológico do projeto conduziu a custos muito importantes, reforçados pelo controlo aproximado da construção das redes de fibra ótica: em muitos casos, para cumprir os prazos e não ultrapassar o quadro financeiro de origem, foram inicialmente previstas redes 100% em fibra ótica e redes mistas fibra/cabo coaxial.

A introdução do cabo em França também evoluiu: A acumulação de dificuldades técnicas na instalação de redes de planos de cabo levou o governo a alterar o regulamento que rege a construção e a exploração das redes de cabo (na lei sobre a liberdade de comunicação de 30 de setembro de 1986).

4.2 Regulamentação do cabo contra a televisão por cabo

A regulamentação relativa às operações por cabo contém certas **obrigações que são difíceis de justificar atualmente** e que contribuem para as dificuldades enfrentadas pelos operadores de cabo:

- **O limite de 8 milhões**: esta regra, segundo a qual as redes de um mesmo operador não podem cobrir mais de 8 milhões de pessoas no total, foi introduzida pela lei de 30 de setembro de 1986, a fim de promover a concorrência entre operadores. **Não se aplica a outras formas de distribuição de televisão**, televisão por satélite e televisão digital terrestre (nem ao fornecimento de acesso à Internet através de ADSL) e seria difícil de aplicar pelos operadores de cabo devido às diferenças entre a extensão das redes nas faixas conectáveis e a enumeração individual mantida pela lei. No entanto, **a manutenção desta regra bloqueia qualquer projeto de fusão de operadores** e limita as possibilidades de racionalização dos painéis através da substituição das redes.

- **A regulamentação da concessão de serviço público**: a lei de 30 de setembro de 1986 preconiza o princípio da iniciativa local para a construção de redes por cabo e permite que **os municípios equilibrem a seu favor as relações com os operadores de cabo,** obrigando-os a respeitar disposições de serviço público (pagamento de uma taxa, financiamento de um canal local...). Do ponto de vista dos operadores de cabo, estas cláusulas aumentam o custo de construção das redes sem gerar receitas adicionais em contrapartida (ainda que se possa argumentar que os canais locais podem incentivar algumas pessoas a subscrever o cabo). No entanto, **a principal crítica** ao regime para os operadores de licenças de serviço público prende-se com o facto de **lhes ser muito difícil melhorar as potenciais infra-estruturas, uma vez que não são eles os verdadeiros investidores**. A melhoria das condições para as operações por cabo exigirá, mais cedo ou mais tarde, uma reforma da licença de serviço público, provavelmente no decurso da aplicação dos textos do pacote. Telecomunicações

- **O controlo do serviço pelos planos locais**: a lei de 30 de setembro de 1986 tinha permitido a exploração de redes por cabo pelo CSA "sob proposta dos municípios ou associações de municípios", o que implicava um direito de controlo dos municípios na implantação das redes sobre o desenvolvimento da oferta de serviços. Embora esta disposição tenha caído em desuso, atrasa a capacidade de reação dos operadores de cabo às expectativas do público ou o desenvolvimento da oferta de programação; complica igualmente as tentativas de unificação dos painéis (uma rede física contígua com um único gestor de rede que serve um grupo de municípios vizinhos).

4.3 Como funciona o cabo

Propriedade e gestão da infraestrutura de rede

O plano de cabo previa que todas as redes de cabo fossem construídas e detidas pela DGT, a antecessora da France Telecom. Ao abrir o mercado do cabo aos operadores privados no âmbito da concessão de serviço público**, a lei de 30 de setembro de 1986 introduziu um sistema híbrido em que um operador pode ser responsável pela gestão técnica e comercial de uma infraestrutura que ele próprio constrói e mantém, ou**

serviços através de uma infraestrutura alugada à France Telecom. Esta situação coloca dois tipos de dificuldades aos operadores de cabo que ainda não abandonaram o plano de cabo: Complica as relações com os assinantes, uma vez que o operador por cabo é obrigado a delegar em terceiros as intervenções físicas na rede, por exemplo, a resolução de problemas de ligação. **Aumenta consideravelmente os custos de exploração** dos operadores de cabo, **uma** vez que estes são obrigados a **pagar uma renda cujas condições de determinação não são transparentes** (por exemplo, o preço corresponde apenas à utilização atual da rede ou uma parte do montante destina-se a amortecer o investimento inicial do plano de cabo? e, em caso afirmativo, o que se passa com as sucessivas imparidades nas contas da France Telecom). No passado**, a manutenção do plano de cabo suscitou o problema dos limites da atividade de um operador histórico de telecomunicações: A France Télécom possui atualmente duas redes locais em numerosas cidades francesas (Lyon, Marselha, Bordéus...), o que** provoca **uma distorção da concorrência.** De notar igualmente que, em 2000, foi dada prioridade ao lançamento da ADSL nas cidades em que a empresa de cabo local pretendia comercializar um serviço de acesso à Internet por cabo.

A questão do número de tomadas disponíveis: os operadores de redes por cabo queixam-se de que nem sempre **sabem exatamente quantas tomadas estão efetivamente construídas e em funcionamento em cada uma das suas redes. As limitações técnicas** das próprias redes (pontos terminais com um número fixo, independentemente do número de habitações a servir), a **expansão urbana no momento da instalação** da rede e o **crescimento externo das redes contribuem para esta incerteza**. Com a propriedade da sua rede, os operadores procuram melhorar o conhecimento das suas infra-estruturas, o que tem um impacto direto na eficácia das medidas de promoção comercial (incluindo as que afectam a porta de entrada das partes interessadas). Os operadores sujeitos ao regime do plano de cabo também têm dificuldade em **conhecer a quantidade exacta de tomadas de rede operacionais que a France Telecom lhes elogia**, o que constitui uma variável importante no cálculo do custo anual de fornecimento de infra-estruturas pelo operador histórico. No entanto, a importância da diferença entre as capturas registadas pelos operadores de cabo e a realidade no terreno não pode ser estimada com precisão; alguns operadores de cabo **argumentam que uma quota de 10% do total das capturas conectáveis corresponde a** cerca de 850 000 tomadas a menos em relação aos números anunciados.

A digitalização do cabo e os novos serviços

O desenvolvimento do **satélite digital** é acompanhado por uma multiplicação do número de canais disponíveis, o que põe em evidência **as limitações do cabo analógico. A digitalização das redes reveste-se de uma importância estratégica para os operadores de redes por cabo**, a fim de se manterem competitivos face à concorrência do satélite e de se posicionarem nos mercados emergentes do acesso à Internet de banda larga e da telefonia. Esta evolução está associada a **custos consideráveis, que se reflectem na modernização das redes e, sobretudo, na aquisição de descodificadores digitais** a alugar **aos assinantes**. No entanto, **a apetência dos consumidores** pelo cabo digital e pelos novos serviços revelou-se **inferior ao previsto** e as primeiras encomendas de descodificadores digitais no final dos anos 90 demoraram mais tempo a concretizar-se do que o previsto. Além disso, a digitalização das redes deu origem a **problemas técnicos** que, nalguns casos, mancharam a imagem dos operadores de cabo (nomeadamente no que se refere aos **serviços Internet**). Estas dificuldades consistem no facto de alguns operadores de cabo continuarem a comercializar um pacote analógico (NC Numericable e UPC) ou tentarem atrasar a migração dos assinantes para o sistema digital (Noos, FTC). **Os serviços analógicos são, de facto, mais fáceis de utilizar pelos operadores** (sem descodificador para amortizar, faturação simplificada em comparação com o cartão digital) e **constituem** uma **fonte estável de receitas.**

A questão da transição do analógico para o digital é **tanto mais importante** para os operadores de cabo **quanto o cabo continuará a ser a sua principal fonte de receitas no futuro**. O acesso à Internet através dos serviços por cabo tem menos de 250 000 assinantes e os serviços telefónicos são atualmente oferecidos por um único operador (UPC France, com 50 000 assinantes). As primeiras ofertas de acesso à Internet dos operadores por cabo registaram problemas técnicos significativos, o que levou o número de assinantes a recorrer pela primeira vez à ADSL quando a France Telecom entrou no mercado no final de 1999. Os operadores de cabo adoptaram recentemente uma **nova estratégia de comercialização de pacotes de baixo débito** (mas com a vantagem de uma ligação permanente) **ou de "fluxo médio" para os assinantes de serviços de televisão, para além do seu pacote de programas**. Além disso, a telefonia por cabo sofre de várias desvantagens, a mais importante das quais é a sua utilização pelos distribuidores num circuito comutado: não utilizando ainda tecnologias "all-IP", os seus serviços não podem escapar à infraestrutura permanente da France Telecom.

As relações com os editores dos canais e o estatuto específico do Canal +

A elaboração de pacotes de programas atractivos e interessantes, tanto para os telespectadores como para os organismos de radiodifusão, exige um **saber-fazer específico que os operadores de cabo adquiriram ao longo do tempo**, tendo em conta, nomeadamente, a cultura do sector ou os acionistas financeiros, **a** ausência de conteúdos exclusivos de elevado valor acrescentado para o cabo (o futebol e o cinema de estreia foram sempre reservados ao Canal +) e o **reduzido número de canais disponíveis nos primeiros anos do cabo.** A este respeito, a oferta explodiu após a introdução dos pacotes digitais via satélite em 1996. A abundância de escolha levou os operadores de cabo a comercializarem, através das redes digitais, ofertas à la carte, em que os telespectadores selecionam os programas da sua preferência dentro de um orçamento pré-determinado. **Do ponto de vista dos editores de canais**, este sistema não é o mais interessante, porque coloca **as forças a fazer os esforços de marketing diretamente com os potenciais clientes**, depois a sua cadeia dentro de um pacote diversificado de gravação analógica ou digital, esforços esses pagos pelo operador de cabo. **A persistência dos pacotes analógicos é também muito interessante para as cadeias que os integram**: dada a sua estabilidade e o número reduzido de cadeias que são referenciadas (15 a 20, contra mais de 100 canais potencialmente disponíveis para os assinantes digitais), estes agrupamentos **contribuem mais para as cadeias de escuta** e permitem-lhes frequentemente cobrar royalties mais elevados por parte dos operadores.

Contrariamente ao que acontece nos Estados Unidos e noutros países em que o montante das assinaturas dos canais premium é repartido de forma mais ou menos equitativa entre os editores de canais e os operadores de cabo, **o Canal + em França beneficia de um estatuto especial que não favorece os operadores de cabo. Embora o Canal + seja difundido gratuitamente na sua versão analógica ao abrigo da regra do canal obrigatório** (ou seja, goza exatamente do mesmo estatuto que a TF1 e a France 2), **a distribuição digital do Canal + escapa em grande medida aos operadores de cabo.** Com efeito, os cartões inteligentes utilizados para ativar os descodificadores, que são programados e actualizados em função do tipo de assinatura dos assinantes do cabo, contêm um compartimento cifrado separado reservado ao acesso ao Canal +, independentemente dos operadores de cabo. **O Canal + gere assim diretamente a relação com os seus assinantes de cabo digital e paga apenas um montante modesto** (menos de 2,5 euros por mês) **aos operadores de cabo para contribuir para a amortização do descodificador** (que seria beneficiado se não fosse gratuito). A distribuição do Canal +, o canal premium de referência, não é portanto

não contribui significativamente para o volume de negócios dos operadores de cabo, que não têm, por conseguinte, qualquer interesse em promovê-lo. Por conseguinte, **continua por explorar toda uma estratégia de marketing baseada na combinação das**

vantagens do Canal + e do cabo digital (por exemplo, ofertas combinadas Canal + / Internet de banda larga ou Canal + / minibouquet temático à la carte, etc.), embora estas iniciativas possam contribuir para melhorar a taxa de penetração do cabo. **No entanto, as dificuldades do Canal + podem levar a uma evolução da situação**, favorecendo a procura de sinergias com os operadores de cabo, na sequência de um acordo sobre uma repartição mais equilibrada das receitas da cadeia.

Marketing e relações com os clientes

A escolha de prospectos e de bons instrumentos de recrutamento é muito importante no caso do cabo. As redes territoriais impedem os operadores de utilizar o meio de comunicação mais forte (a televisão) e as suas comunicações publicitárias são essencialmente efectuadas através de meios não mediáticos (anúncios e caixas de correio). Verifica-se que os operadores de cabo locais têm geralmente uma taxa de penetração superior à média, o que se deve em parte ao seu enraizamento local e à sua estratégia de contacto direto com os clientes potenciais. A dispersão das redes dos grandes operadores de cabo levou-os, nos anos 90, a centralizar as relações com os clientes (centros de atendimento telefónico), mas os resultados desiguais desta abordagem levam-nos agora a completá-la com uma presença local (lojas, porta de entrada). Por outro lado, as ofertas dos operadores de cabo são frequentemente mais complexas do que as dos operadores de satélite, com diferentes níveis de assinatura ou ofertas diferenciadas por rede (ainda que os grandes operadores de cabo tenham feito grandes esforços para uniformizar as suas ofertas comerciais, nomeadamente no que se refere aos serviços digitais). A gestão do parque de assinantes existentes é frequentemente complexa. As mudanças nas estruturas de propriedade, a aquisição de novas redes, a coexistência de assinantes analógicos e digitais, etc., conduziram a uma proliferação de artigos e categorias de assinantes, o que aumenta o risco de erros de faturação e complica os operadores de comunicações.

5 A evolução do ambiente competitivo e regulamentar

5.1 A introdução da televisão digital terrestre e o seu impacto na televisão por cabo

[St]A lei de 1 de agosto de 2000 relativa aos meios audiovisuais contém disposições relativas à realização de um concurso para a **televisão digital terrestre**.

O **processo de seleção** lançado pelo CSA em julho de 2001 para os serviços de televisão que ocuparão os canais reservados à radiodifusão digital terrestre deu um passo muito importante com a **publicação, em outubro de 2002, de uma lista de 23 canais selecionados** que partilharão os 22 canais reservados à oferta privada (11 outros canais ocuparão os canais públicos e locais). [St]A superação progressiva dos obstáculos jurídicos à introdução da TNT (publicação dos decretos de aplicação da lei de 1 de agosto de 2000, concurso da CSA) não deve fazer **esquecer os consideráveis obstáculos técnicos e comerciais à introdução efectiva da DVB-T**.

- O primeiro desses obstáculos é a **necessidade de efetuar um grande número de conversões de frequências analógicas** antes de iniciar a radiodifusão digital. De acordo com a Agência Nacional das Frequências, o custo destes trabalhos situa-se entre 44 e 84 milhões de euros, consoante a extensão da intervenção para o indivíduo. Esta primeira vaga de atualização de frequências aplica-se apenas à receção analógica: destina-se a **garantir que os telespectadores possam continuar a receber sinais analógicos após o lançamento da televisão TNT**.

- A **segunda vaga de precauções técnicas diz respeito à receção digital adequada**, com milhões de antenas individuais ou colectivas susceptíveis de serem manipuladas para as orientar para os emissores ou substituí-las completamente pelas mais antigas. O custo deste trabalho ascenderia também a dezenas de milhões de euros.
- **O terceiro grande obstáculo à introdução da televisão digital terrestre (TDT) reside no facto de não existir, até à data, qualquer candidato à posição de operador comercial de canais.** Dada a importância da sua frota de assinantes de rádio, o Canal + poderia ter interesse em atuar como operador comercial de TDT, a fim de acelerar a transição dos seus próprios clientes para a televisão digital, especialmente aqueles que não querem ou não podem subscrever o CanalSatellite.

Este cenário foi seriamente considerado pelo grupo Canal+ em 2001, antes de ser abandonado na sequência das graves dificuldades financeiras do grupo e do seu acionista Vivendi Universal. Atualmente, **não existe um candidato que possa ser considerado para a comercialização da televisão por assinatura**, ou seja, **o ator mais bem colocado para reunir os esforços de comunicação em torno da televisão digital terrestre**, incluindo o conceito e as potencialidades que ainda não são claras para uma grande maioria dos franceses.

A resolução das questões técnicas e comerciais que continuam em aberto não garante de modo algum o êxito do público digital terrestre. O insucesso das fórmulas de comercialização da TDT noutros países europeus testemunha a dificuldade de introduzir um método de transmissão suplementar quando os operadores existentes estão prontos a satisfazer a procura de programas por parte dos consumidores através das tecnologias mais eficazes do cabo e do satélite.

O argumento muitas vezes invocado para difundir gratuitamente os programas da TDT não resiste a um exame minucioso, por um lado porque os programas gratuitos não fecharão muitos **canais** e, **por** outro, **porque o modelo económico da difusão digital gratuita para os canais suplementares é arriscado**. De facto, terão de pagar até **4 milhões de euros por ano para a libertação digital** do seu sinal - uma **soma considerável** para cadeias cujo orçamento se situa entre 12 e 30 milhões de euros para a grande maioria delas, e **na ausência, nos primeiros anos, de qualquer consideração de receitas** (publicidade ou taxas de assinatura), tendo em conta a fragilidade dos orçamentos de pessoal equipados para receber a TDT.

Do ponto de vista dos operadores de cabo, a introdução da DVB-T coloca duas grandes dificuldades:

- **A interferência das frequências para as redes de cabo**: O problema é semelhante ao das interferências com a televisão analógica através da TDT, com a diferença de que **as possibilidades de reordenamento das frequências para as redes de cabo são limitadas**. Pode acontecer que o plano de frequências digitais esteja saturado. Neste caso, a única solução para o operador difuso consiste em **digitalizar totalmente a sua rede, a** fim de ganhar largura de banda através da compressão digital do sinal. A operação implica **a compra e a distribuição de descodificadores a todos os antigos assinantes analógicos** de redes codificadas: uma **despesa avaliada em 100 milhões de euros pela Aform**, que os operadores de cabo não podem suportar atualmente.

- **A regra de "obrigatoriedade de transporte" de canais digitais em terra, no caso das redes de cabo,** foi introduzida pelo decreto de 31 de janeiro de 2002. Esta regra obrigará os operadores de cabo a alterarem **profundamente a economia dos seus pacotes digitais**, em especial os pacotes criados a baixo preço para atrair novos assinantes, ou a pressioná-los **a adiar o mais possível a digitalização do analógico, a fim de privar estes assinantes** das **obrigações** de tráfego, mesmo sem outras fontes de receitas (vídeo a pedido, serviços interactivos, acesso à Internet...).

5.2 O pacote de telecomunicações

Em 2002, a União Europeia publicou **uma série de diretivas que reformam o quadro jurídico das telecomunicações**. O objetivo destes textos é **criar um quadro jurídico comum para o estabelecimento e o funcionamento das redes de telecomunicações**, independentemente do tipo de tecnologia utilizada. A transposição das diretivas para o direito francês deverá, por conseguinte, conduzir à harmonização da regulamentação específica do cabo com as outras redes de telecomunicações e à aplicação das inovações das diretivas aos operadores de cabo:

- **O regime geral de autorização:** supressão da necessidade de obter uma autorização prévia para o estabelecimento de redes de telecomunicações electrónicas e para a prestação de serviços de comunicações electrónicas. Para a televisão por cabo, isto significa que o papel das autarquias locais no desenvolvimento das redes será suprimido e transferido para os próprios operadores
- **Regulamentação dos direitos exclusivos e dos direitos especiais das empresas de telecomunicações:** De acordo com as diretivas, a regulamentação interna de um Estado-membro não pode ter por efeito tornar mais difícil o funcionamento de uma rede de comunicações electrónicas do que de outra ou limitar o número de empresas que exploram essas redes. **A aplicação deste princípio ao cabo implica a revisão de vários aspectos da regulamentação** francesa: a exclusividade territorial das redes de cabo, a limitação do alcance dos operadores de cabo a oito milhões de habitantes, o questionamento do regime de concessão de serviço público e, por último, os serviços de controlo através de planos locais.

- **Obrigações de radiodifusão**: a aplicação das disposições do pacote das telecomunicações **deverá exigir a harmonização do âmbito de aplicação da**

obrigação de transporte, que atualmente varia em função da tecnologia considerada (cabo, satélite, TNT). Além disso, o pacote das telecomunicações subordina a legalidade destas obrigações a "objectivos de interesse geral claramente definidos": O processo de transposição deveria permitir um **debate sobre a noção de interesse geral no sector audiovisual.**

6 CENÁRIOS PARA O FUTURO DO CABO

Os aspectos problemáticos da concorrência, do quadro regulamentar e do funcionamento do cabo analisados no presente estudo sublinham a **necessidade de mudanças estruturais no sector**. Os cenários aqui delineados representam **abordagens contrastantes, uma solução de mercado, uma solução política e regulamentar e, inversamente, as consequências do status quo.** Dois cenários de fracasso têm como principal objetivo eliminar definitivamente as sequelas do plano de cabo e criar um ambiente propício à melhoria do desempenho operacional dos operadores de cabo ou dos prestadores de serviços que exploram redes de cabo.

6.1 Cenário 1 - consolidação do cabo

Este cenário comporta **várias variantes, que se diferenciam em função da sua dificuldade financeira e da sua viabilidade jurídica permanente. A opção mais simples consiste em racionalizar as redes através da substituição de painéis** para favorecer a consolidação dos operadores em **grandes grupos regionais**, facilitando a operação de manutenção e a comercialização das capturas. Ao nível das **cidades, um único operador** seria encarregado **da gestão da rede urbana (frequentemente o plano do cabo) e da periferia**, surgida mais tarde, em regime de concessão de serviço público. Os conselhos de administração têm interesse em estar **acessíveis no âmbito do regime atual, pelo menos no que diz respeito à rede concessionada** (mais), mas **não beneficiam todas as partes da mesma forma**: A Noos está particularmente interessada em recentrar-se na Île-de-France, mas os operadores das cidades do interior não vêem vantagens evidentes em renunciar às suas redes parisienses. Para compreender todo o seu significado, **a troca de discos** deve

A operação deve envolver todos os intervenientes no cabo e não ser realizada através de uma série de transacções bilaterais.

Uma **segunda opção** seria a **consolidação entre eles e os actuais operadores de cabo após a eliminação dos obstáculos à concentração.** As vantagens de uma fusão são suficientes para a NET em termos de custos de exploração do cabo: marketing e comunicação, aumento do poder de negociação com os fornecedores de conteúdos, serviço... **A questão da propriedade das redes dos planos de cabo estaria no centro do processo de consolidação.** Para além de uma aproximação muito hipotética entre a Noos e a UPC France, as **opções de consolidação** colocariam **a France Telecom no centro da estrutura acionista do novo conjunto** (a France Telecom detém 27% do capital da Noos, 100% da France Telecom Cable e 70% dos pontos de venda explorados pela NC Numericable), mas a perspetiva de uma **posição hegemónica da France**

Telecom no mercado do cabo **não é aceitável para as autoridades reguladoras** (em Paris e Bruxelas). **A fusão é prevista antes ou simultaneamente no plano de redes por cabo da NC Numericable e da France Telecom Cable, sendo então programada uma France Telecom do capital emitido pela France Telecom Cable.**

O lugar central da France Telecom neste processo conduz à **terceira e última opção**, que corresponde à **consolidação da empresa existente através da entrada de um novo operador que** forneceria **novos capitais** e diluiria **a parte dos actuais acionistas do cabo no capital da empresa resultante da fusão.** O principal problema que se coloca neste caso é a **falta de candidatos à aquisição do cabo francês**, num contexto em que as avaliações dos activos das empresas de comunicação social e de telecomunicações sofreram uma forte queda. Os fundos de investimento não parecem estar convencidos da empresa francesa de redes de cabo (ao contrário do que acontece noutros países: Alemanha, Países Baixos...), nomeadamente no que se refere aos aspectos regulamentares (concessão de serviço público). Alguns, como a Liberty Media, poderiam eventualmente estar interessados na carteira, mas colocam o resgate da totalidade ou de parte do cabo francês à frente de outros objectivos estratégicos ou aguardam **a clarificação da regulamentação das telecomunicações** para decidir o seu próximo passo (operadores de telecomunicações alternativos: LDCom, Telecom development, etc., ou eventualmente um investidor institucional como a Caisse des dépôts).

6.2 Cenário 2 - a separação das infra-estruturas e dos serviços

Em princípio, este cenário prevê **a retoma de toda a infraestrutura física do cabo por um único operador** ("France Cable"), que **é responsável pela sua manutenção**, verificação e desenvolvimento sob o controlo da autoridade reguladora. Esta entidade **vende então a largura de banda das redes a todos os fornecedores** de televisão por cabo, de acesso à Internet e de telecomunicações **autorizados pelas autoridades reguladoras competentes** (CSA ou ART), em condições de **transparência tarifária.**

Os trabalhos relativos às placas de ligação, às redes de atualização e às especificações interoperáveis dos descodificadores serão realizados pela Cable in France em colaboração com os fornecedores de serviços e de conteúdos. O objetivo é **dar acesso a estes fornecedores. 8,5 milhões das ligações por cabo conectáveis atualmente instaladas serão normalizadas**. O objetivo seria abrir o mercado do cabo a novos operadores, editores de canais, fornecedores de acesso à Internet, etc., até agora excluídos, o que conduziria a um aumento do consumo de banda e, por conseguinte, a uma utilização mais eficaz da infraestrutura. **Este cenário exige um trabalho preparatório importante** antes de os serviços poderem ser comercializados. **Poderá desenrolar-se em várias etapas,** sendo a primeira dedicada à **criação de três ou quatro entidades regionais** que preparem a ligação de todas as redes a nível nacional (esta abordagem progressiva permitirá, nomeadamente, **verificar a validade de uma separação entre infra-estruturas e serviços do ponto de vista das** autoridades **comunitárias** da concorrência). Este cenário suscita várias questões, tais como a sua **viabilidade técnica**, a **vontade dos operadores de cabo de** se comprometerem (os seus acionistas apoiariam sem dúvida, uma vez que a operação lhes permitiria **desconsolidar a distribuição por cabo**

deficitária das suas actividades contabilísticas) e o **nível de envolvimento da entidade reguladora das telecomunicações no controlo do cabo de França** (implica assegurar a realização dos investimentos necessários ao desenvolvimento da capacidade da rede).

6.3 Cenário 3 - o status quo e a tecnologia de erosão por cabo

Este cenário corresponde à **manutenção dos obstáculos à convergência dos operadores de cabo, intensificando simultaneamente a concorrência no domínio da televisão por cabo** (chegada da TNT) **e do fornecimento de acesso à Internet** (confirmação do êxito da ADSL). A probabilidade de ocorrência deste cenário **depende de três factores**: a **atribuição ou não das redes de cabo aos operadores de cabo France Telecom, o prazo de aplicação dos textos do pacote telecomunicações e o lançamento efetivo da televisão digital terrestre.**

A ausência de um desagravamento a curto prazo da regulamentação relativa ao cabo limitaria gravemente a capacidade dos operadores de cabo de encontrarem uma solução estrutural para as suas dificuldades individuais; rapidamente, **a combinação da ausência de novas perspectivas e da erosão da quota de mercado do cabo acabaria por levar os acionistas dos operadores de cabo a recusarem-se a continuar a financiar os seus défices de exploração.** Em caso de liquidação dos operadores de cabo, **as redes reverteriam para os municípios**, que teriam então duas opções: **organizar um concurso para adjudicar a exploração a um novo operador** ou **reafectar a capacidade da rede para fins de serviço público.** No primeiro caso, a exploração das redes dos municípios onde o cabo tem uma forte presença (40% de assinantes ou mais) poderia interessar potenciais novos operadores ou operadores regionais do tipo das comunicações vídeo, mas sem que as condições de exploração e o ambiente concorrencial fossem mais favoráveis: Ensino à distância, assistência aos idosos, intranet municipal com ligação aos locais públicos, etc. A tentação de utilizar a rede para este fim será mais forte quando os serviços de televisão por assinatura e de acesso à Internet de banda larga forem igualmente oferecidos por outros operadores no território do município.
Município.

Referências

Autorité des régulations des télécommunications, L'économie du câble en France, *Etude réalisée par le cabinet JLM Conseil Pour l'Autorité de régulation des télécommunications*(Rapport), Janvier 2003.

OCDE, Access Pricing in Telecommunications, 2004.

Sumit MAJUDMAR, Ingo VOGLSANG e Martin. E. Cave, Handbook of the Telecommunications Industry, Volume 2, Technology Development and the Internet, ELSEVIER 2005.

Índice

Printed by Books on Demand GmbH, Norderstedt / Germany